[英]安妮·泰勒（Anne Taylor）著
张婷 译

职场软技能

Soft Skills

中国原子能出版社　中国科学技术出版社
·北京·

SOFT SKILLS HARD RESULTS: A PRACTICAL GUIDE TO PEOPLE SKILLS FOR ANALYTICAL LEADERS by Anne Taylor, ISBN:978-1-7886-0139-9
Copyright © Anne Taylor, 2020
This translation of Soft Skills, Hard results by Anne Taylor is published by arrangement with Alison Jones Business Services Ltd trading as Practical Inspiration Publishing.
This edition arranged with Alison Jones Business Services Ltd. c/o Practical Inspiration Publishing through BIG APPLE AGENCY, LABUAN, MALAYSIA.
Simplified Chinese translation copyright © 2024 by China Science and Technology Press Co., Ltd. and China Atomic Energy Publishing & Media Company Limited.
All rights reserved.

北京市版权局著作权合同登记　图字：01-2022-5567。

图书在版编目（CIP）数据

职场软技能 /（英）安妮·泰勒（Anne Taylor）著；张婷译. — 北京：中国原子能出版社：中国科学技术出版社，2024.2

书名原文：SOFT SKILLS HARD RESULTS: A PRACTICAL GUIDE TO PEOPLE SKILLS FOR ANALYTICAL LEADERS

ISBN 978-7-5221-3167-2

Ⅰ.①职… Ⅱ.①安… ②张… Ⅲ.①职业选择—通俗读物 Ⅳ.① C913.2-49

中国国家版本馆 CIP 数据核字（2023）第 233875 号

策划编辑	杜凡如　王秀艳	责任编辑	马世玉　陈　喆
封面设计	北京潜龙	版式设计	蚂蚁设计
责任校对	冯莲凤　焦　宁	责任印制	赵　明　李晓霖

出　版	中国原子能出版社　中国科学技术出版社
发　行	中国原子能出版社　中国科学技术出版社有限公司发行部
地　址	北京市海淀区中关村南大街 16 号
邮　编	100081
发行电话	010-62173865
传　真	010-62173081
网　址	http://www.cspbooks.com.cn

开　本	880mm×1230mm　1/32
字　数	124 千字
印　张	7
版　次	2024 年 2 月第 1 版
印　次	2024 年 2 月第 1 次印刷
印　刷	北京盛通印刷股份有限公司
书　号	ISBN 978-7-5221-3167-2
定　价	69.00 元

（凡购买本社图书，如有缺页、倒页、脱页者，本发行部负责调换）

免责声明

　　为了替客户保密，本书对所有案例分析和例子中提到的名称以及具有区分性特征的元素都做了改动。有时候，某些案例分析中的描述是对不同客户的复合性描述。

　　本出版物表达了作者的观点和想法，目的是为相关问题提供有价值的信息。对于因本书的使用而产生的任何直接或间接的损失或者风险，出版社和作者不承担任何责任。出版社为了联系版权所有人并取得使用版权的许可材料，做了大量工作，付出了巨大努力。如有任何错误或遗漏之处，出版社深感抱歉，如能将不足之处告知出版社，将不胜感激，今后定会在重印或再版时加以修正。

导 读

➤ 为什么读这本书呢

因为你所在的组织或团队，甚至你自己，都面临着一系列让人心力交瘁的挑战，这些挑战要求新的领导方式出现：

- 职场中千禧一代[①]和Z世代[②]之间的代际差异越来越大。
- 员工自身以及来自同事的压力不断增大。
- 想让自己从朋辈人中脱颖而出。
- 技术、竞争、监管以及消费者的需求和愿望都在快速变化，而且越来越不确定。
- 用更少的付出获得更多的回报。
- 你收到反馈说你应该更热情、更以人为本、更鼓舞人心。
- 你想在人际交往中提升自信、提高能力并富有同理心。

软技能可以帮助你解决以上问题。将本书中讲的实用原则

---

① 千禧一代指出生于20世纪且20世纪时未成年，在跨入21世纪（2000年）后达到成年年龄的人。——编者注
② Z世代通常指1995年至2009年出生的一代人。——编者注

应用于实践，加以练习，就可以提高你的成功率、增强你的影响力，改善你做事情的结果。在一些商业环境中，没有确定性，取而代之的是模糊不清或者无情的变数，这样的环境需要细致入微的决策，本书讲的这些原则可以帮助你在职场上更得心应手。

所谓软技能就是与人相处的技能（与之相对应的是硬技能或者叫技术技能，比如管理账目、建房子、组装生产线，在商品零售店推销展示的产品等）。如果你正在运营一个建设基础设施的项目或者设计新车的项目，那么你需要硬技能，如工程设计、进度规划、成本估算、统筹安排等。这些硬技能能够保证项目顺利完成。但软技能能很大程度上决定你生产的产品是否成功。例如在以下几个方面：与客户合作或管理供应链；涉及项目范围变动的协商谈判；能够合作找出意外风险的解决办法；能处理好各种冲突；让每个人都全身心地投入工作。

软技能是我们在与他人交往时表现出的种种行为的总和，尽管你可能还不觉得这些是技能。你可能觉得那只不过是你与家人、朋友或同事沟通交流时的普通行为。

让我们来看一个例子：一位有经验的项目经理应主管要求，从领导新产品开发的团队转到领导过程改进的团队，因为这样安排对公司更有利。这位项目经理回复说她会考虑，并表示她对新项目的汇报可能会减少，因为许多团队成员分布在不同的地点，她有时候不得不远途出差。主管听到后脱口而出："行了，不用了。我们还有其他人可以领导。"主管说着便转身离开了。项目经理觉得自己没有受到重视，同时也觉得自己惹恼了主管。她更希望主管能承认职位的变化这件事给她带来的不便，哪怕无法补偿她。其实，认可这位项目经理的付出并对她帮公司这个忙表示感谢，根本不用花费太多的时间或精力，还能让经理觉得自己受到了重视，也能为主管省出时间，因为主管不必花时间去联系其他人来做这个事情了。

沟通不畅以及糟糕的人际交往技巧导致这位项目经理和她的主管都很生气，而且所采取解决方案也不是那么理想。

你所说的话以及你说话的方式不仅会影响其他人，还会影响事情的结果。你是什么样的人，你的个性、喜好以及感受都会影响你说什么以及怎么说。在和其他人相处时如果你表现得很有技巧，那么就会创造出理想的效果，并且也更有可能收获你想要的结果。不过，幸运的是，这些技能都是可以学的，是可以通过练习掌握的。科学告诉我们，人际交往技巧或者情商是可以培养并不断发展的。情商是一个含义更广泛的概念，本书将在后面解释这一点。

| 职场软技能 |

软技能不是夸大其词。人际交往技能不足的代价是效率低下或者生产力受损。相反,良好的人际交往技能能够提升生产率、提高参与度以及满足感。这本书会借助一些简单的工具、行为框架以及练习,帮你平衡智商优势,让你拥有更多的情商优势,从而为你的企业、团队和你自己带来更多收益。

软技能来源于情商或者叫EI(Emotional Intelligence),有时被称为EQ(Emotion Quotient),是智商的补充。情商是对四个概念加以描述的一个概括性术语:了解自己情绪的能力、管理自己情绪的能力、理解他人情绪的能力、处理与他人关系的能力。《牛津英语生活词典》(*English Oxford Living Dictionary*)对它的定义是:"有能力察觉、控制以及表达自己的情绪,并智慧地处理人际关系。"这个概念是由1996年丹尼尔·戈尔曼(Daniel Goleman)的《情商》(*Emotional Intelligence*)一书普及开来的,如今仍然是一个很好的参考。EI的4个方面如表1所示。

表1　情商

分类	自己	他人
了解	自我意识 了解自己的情绪	社会意识 理解他人的情绪

续表

分类	自己	他人
做到	自我管理 管理自己的情绪 激励自己	社会管理 处理与他人的关系

要想拥有高情商，光了解概念是不够的。你必须把它融入日常生活，并且每天加以练习，这样才能做得更好。《职场软技能》这本书将论及情商所涉及的4个方面，阅读并做到学以致用能使你在处理日常工作的同时还能有所收益，并看到理想的结果。

关于本书的10项原则

《职场软技能》是在职场中理解并运用人际交往技能（或者叫软技能）的实用指南（如果你愿意，也可以用在职场外）。

本书分为4个部分，讲了10个软技能原则，它能带领你一起进步。这10个原则的设计尽可能遵循实用原则，争取让你在最短的阅读时间内实现最佳的理解和应用。我会用到列表、要点、技巧、案例、插图和框架，这样你在阅读文字密集的页面时花的时间会更少，从而有更多的时间来实践这些技巧。

绪论介绍了软技能对商业以及营收成果的重要性。这一部分会让你真正理解为什么情绪关系重大，为什么软技能以及人际交往是成功的关键。很多时候你在事业上的发展以及商场上的成功更多地取决于你做事情的方式，而不仅是把事情做完——你在组织中所处的级别越高就越是如此。

第1部分叫作内部，因为这一部分是从自己开始的，了解你自己并了解领导力对你来说意味着什么。你要把你已经知道的关于你自己的所有信息结合起来，比如你的个性和技能。你也会了解到一些关于自己的新的东西，比如你的价值观以及你头脑中对于自己的描述。你应该对自己有一个整体的、客观的看法。你拥有的每一段人际关系都有一个共同要素——你自己！

第2部分叫作外部，因为这一部分是关于如何（积极地）影响与你交往或者共事的人的。这一部分是把重点放在别人身上，考虑别人的利益（最终为的也是你的利益，你也会因此得到想要的结果）。你还会学习如何给予反馈，为什么需要训练以及如何训练，还有讲什么样的故事以及如何讲故事——这些都是非常实用的做法，容易实践而且很有效果。

第3部分叫作内外之间，因为这一部分讲的是双方之间的互动或交往；既涉及内部也涉及外部，既包括你自己也包括别人。如何在做自己的同时也允许别人做别人，而且还能把事情办好。这就涉及平衡——你自身的平衡以及与他人之间的平衡。这部分对你来说可能是一个挑战，我希望你坚持下去；只要你愿意，这一部分可以改变你的工作方式。

第4部分叫作超越，这一章会讲述一些实际的建议，从某种程度上来说，这一章可能是你领导力学习之旅的开始而不是结束，这一章也是我从事主管教练这个职业的原因。坦白说，这章讲了我成为一个智商和情商平衡发展的人的秘诀所在。而且你只要通过简单的练习，然后将其付诸实践，就能过上感恩而不留遗憾的人生。我不希望你退休后回首前半生时，遗憾地问自己："如果当初……会怎么样？还有什么是我可以做的？"

这本书中没有革命性的新思想，只是提供了一个新视角去理解那些你或许已经熟悉的原理，并将其应用在实践中。我会把重点放在能对他人产生影响的关键性人际技巧上，每讲完一个原则，后面都会附上一个挑战，让你立即实践。通过实践应对这些挑战，你的日常工作会得到改善，并且随着时间的推移你的自信心也会增强，你会变得更善于驾驭工作中出现的各种情绪。从本质上来讲，拥有用户友好型技能和必要的人际关系技能对于有直接需求的企业来说能保证其营收成果和长期成果。

为什么要相信我

因为我出生在一个商人家庭,受过良好的商业教育,我曾在世界上多个地区和国家从事商业活动,曾在大型跨国公司工作。现在我仍然从事与商业相关的工作,服务于客户或者学术界。我自己经营着一家很成功的个体企业,为来自英国以及世界其他国家的许多人提供指导和培训,服务人数即使没有数千人,也有数百人。所有这些都足以证明商业是我的核心优势。我的父母意外双亡,几乎一前一后离开了我;我结束了一段长达26年的感情;搬到一个我只认识三个人的陌生国家;所有这些让我进入了一个情感脆弱的世界,不过这些经历也让我内心变得更加强大。我学会了平衡智商和情商,认识到发挥这两者各自的优势会对领导者产生积极的影响,并辅助他们的事业最终获得成功和幸福。

我是灯塔教练有限公司(Directions Coaching Ltd.)的经理。在这之前,我获得了加拿大威尔弗里德·劳里埃大学(Wilfrid Laurier University)的商学学位。我有20多年在全球性的大企业工作的经历,先后在国际商业机器公司(IBM)、宝洁公司、雀巢公司等企业工作过。在这些企业里，我所担任的职位对市场营销、整体业务管理和商业战略发展负有日益重要的责任。

父母去世后，我辞去了在雀巢公司的全球营销职位，去了瑞士。这次我去瑞士是作为一名高管教练重新去培训的。我的第一批客户包括瑞士洛桑国际管理发展学院（International Institute for Management Development）商学院[①]以及雀巢公司。后来，在英国，我与乐高公司（LEGO）、德意志银行（Deutsche Bank）、欧莱雅集团（L'ORÉAL）、汤姆福特（Tom Ford）公司等企业建立了成功的合作关系。当然除了这些企业，我的客户还包括一些投资自己的个人。我是伦敦商学院（London Business School）和哈里森职业服务公司（LHH Penna）的副教练。我通过了国际教练联合会（International Coach Federation）的考试，达到了专业认证教练（Professional Certified Coach）的水平，在英国每322个人里面只有1个人能通过这个考试。

正如最近一位客户在我们第一次培训结束后所说的那样，

---

① 洛桑国际管理发展学院（International Institute for Management Development，IMD），是全球顶尖的商业管理学院。——编者注

"让人很舒服地走出了舒适区"。作为一名高管教练，我会为高管创造安全的环境，让他们成长为领导者，或者说成长为更好的人。通过观察、直觉、反思这一结构化的过程来提高高管的自我意识，让他们在更了解自己的情况下做出有意识的选择。我在给学员设置挑战的同时也会提供帮助，我在指导他们的时候既直接又温柔，我会不断地启发他们，也会接纳他们，既训练他们的智商，也训练他们的情商。所有这些服务都是为了帮他们确定目标，消除障碍，对旧有假设和信念提出疑问，实践新的行为，给他们带来他们想要的改变，而且这种改变是持久的。

我对你的期望

当今的世界是一个科技世界，我觉得我们逐渐失去了真正意义上的人际连接，而这种连接是把工作做好的保障，也是让我们从所做的事情中获得满足感的保证。这就是这本书对我的意义：连接——建立自己与他人的联系，才能做出更伟大的贡献。我对你的期望是你可以努力去完成每一条原则后面的挑战。理想情况是你应该每周抽出时间来做这个有挑战性的工作，然后练习，练习，再练习。这里说的练习是练习本书介绍的技巧和行为框架。万事开头难，在刚开始做的时候，你可能会感觉不舒服甚至尴尬。这些简单的原则有可能提高你的领导力（不仅在专业方面也包括个人生活方面），并让你获得更多的成就感。你没听错，人际交往能力会改善你在工作中的表现并帮助你取得想要的结果。情绪智商研究联盟广泛地调查了"在组织中，情商对营收结果有什么样的影响"。我希望软技能的使用以及随之而来的结果会让你实现全面成长，并且过上身心健康又有成就感的生活——这样的生活是智商和情商的完美平衡。

我也是后来才学会这些技能的，虽然晚了一点，但总比从来没学过好得多。在我从小长大的家庭环境中，这些技能并不是显而易见的，所以没办法轻松学到，哪怕在伦敦商学院读书的时候，学习这种技能的机会也并不多。我为我的客户提供支持，帮他们学习并使用这些技能，不仅是为了培养他们的领导力，更是为了他们自身，我和我的客户都体验到了更愉快且更有效的互动。我不知道怎么说才能表达出我有多希望你能掌握这些技能！本书的参考文献部分提供了更多有关领导力培养的宝贵信息。

目 录

绪论 ‖ 001

第1部分　**内　部** ‖ 021

　　　　原则1　了解你自己 ‖ 026

　　　　原则2　保持自我意识 ‖ 043

第2部分　**外　部** ‖ 077

　　　　原则3　给予他人积极的反馈 ‖ 082

　　　　原则4　恰当使用告知法与训练法 ‖ 098

　　　　原则5　学会有效地讲故事 ‖ 112

第3部分　**内外之间** ‖ 125

　　　　原则6　根据他人和情境做出实际调整 ‖ 130

　　　　原则7　达成人际交往的平衡 ‖ 145

　　　　原则8　既要勇敢又需表现出脆弱 ‖ 164

第4部分　**超　越** ‖ 179

　　　　原则9　行动起来，不要后悔 ‖ 182

　　　　原则10　过感恩的生活 ‖ 190

| 职场软技能 |

给读者的最后说明 ‖ 199

致谢 ‖ 201

绪 论

| 绪 论 |

软技能对工作（和生活）中的成功至关重要

绪论部分会用例子证实糟糕的人际交往将导致巨大的损失，从而说明为什么软技能带来硬成效。这一部分还会借助神经科学事实和大脑解剖结构来证明人们在工作场合也存在情绪，并且情绪起着关键的作用。这部分内容还会提醒你，公司有些任务（以及与任务相关的衡量标准、关键绩效指标）的成败取决于软技能的应用，软技能应用好就能成功，软技能应用差就会失败。这一部分中，有关金融和生物学的内容可能会对一些人有帮助，或者能引起他们的兴趣。

人际交往技能的核心是平衡智商和情商，或者利用情商去弥补智商的不足。需要指出的是，情商并不能取代智商、能力、硬技能和才华。企业首先应该确保自己的员工得到了胜任工作所必需的培训。要是在软技能方面再提升一下，那么企业就能够：

• 提高员工的敬业程度，并且降低员工的离职率。

- 产生创新的想法（任何企业都以创新为使命）。
- 培养开放、协作的工作环境。
- 提高生产力和利润。

➤ 软技能的有形成本

想象一下，你公司的一个经理在开放式办公室严厉地批评了一名员工五分钟。你认为这会导致该员工在多长时间内工作缺乏动力或效率低下？你认为办公室里其他人会因此在之后的多长时间中工作效率受到影响（其他人可能会去安慰被斥责的员工或批评经理的行为）？想象一下，如果这位经理每天都对一名员工这样斥责，一年下来可能会导致数千英镑或者数千欧元或美元的损失！

最近，我为一家小型家族企业的老板做了一项计算，他提供数据，我只是做了计算工作（表0-1）。我称为"软技能货币化"——计算领导者的人际交往技能的货币价值。该家族企业的供应链经理每天都在抱怨、批评（他自己团队中的）其他人。这家企业的老板不愿意采取行动，因为给别人提出建设性的反馈会让他感觉不舒服，所以他说服自己，即使他采取了行动，结果也一样，给予反馈并不会改变什么，再说经理这样的行为也不算什么大事。所以,他总是避免他认为会产生冲突的事情(我从很多小型和大型企业的领导人那里听到过这样的描述,并为此感到担忧)。

表0-1 成本统计表

问题	答案
这样的行为他一天有几次?	4次
一周当中有几天他会有这样的行为?	5天
办公室有多少个人?	15个人
你觉得这15个人会被这种负面情绪影响多久?	5分钟
一年当中他有几周有这样的行为(除去假期)?	46周
一年下来,15个人由于受负面情绪影响而产生损失的时间有多少?	69 000分钟
员工的平均工资是多少美元(欧元)?	每年50 000美元(欧元) 或者 每分钟0.4美元(欧元)
按低于实际数额的50%保守计算每年损失为多少美元(欧元)?(0.4×69 000×50%)	13 800美元(欧元)

这个例子说明,一位人际交往能力差的经理在一间小办公室里会导致无形及有形的损失。如果和经理沟通能够让公司的利润增加14 000美元,那么老板是否应考虑与供应链经理谈一

次话呢？更进一步讲，若谈话有效，团队因此节约的时间，能够激发出他们更多的工作主动性，或者让他们更有动力去推进长期战略，从而为公司获得更多利润。

我曾为一位企业的老板计算过这方面的损失，他的办公室里每个员工的工资是每小时120英镑。计算结果是由于工作效率受影响而导致的损失每年高达6万多英镑。那个老板因为损失巨大，迫使他不得不找经理谈了话。最终这位经理自愿离职了，新来的经理很受大家爱戴，员工的工作效率提高了，工时费也增加了。

这个例子量化了糟糕的人际交往导致的有形损失。但是它没有量化良好的或者出色的人际交往技能带来的生产效率的提高。在员工受到鼓舞或经常受到激励的情况下，可以计算良好的人际交往技能带来的收益，不过这样的计算做起来比较难，因为它更主观。软技能产生积极正面优势的例子——想象一下，当你认可一个人的贡献时，对其他人以及整个团队的生产力都会产生影响。

在我的客户中，经理严厉斥责员工的情况很少发生。同样，在我的客户中，具有同理心且善于鼓舞员工的经理也不多见。大多数经理都处于这两种类型之间，他们根本不知道如何提高员工的参与度，也不知道如何激励团队。其实，增加利润的最大空间不取决于那些挑剔的经理，而取决于那些不作为的经理，因为他们连该做什么都不知道。

在前面经理训斥员工的例子中，大多数的损失可以追溯到受经理的消极态度影响的团队成员身上。我们不能否认，当经理在公共场合批评某个员工时，其他人会感到担心，他们害怕自己会成为下一个被公开批评的人，事后他们会怀疑自己的表现，会担忧。通常在这种情况下，员工在茶水间的时候可能会对那位"牺牲品"或者"被经理盯上的人"表示同情，这也是在浪费生产力。这个例子说明了情绪如何影响工作氛围，从而影响结果。只要想一想，类似这样的情况每天在大多数办公室上演，我们就无法否认工作中存在情绪，工作并不全都是以事实为基础的、客观的。接下来的部分将会解释大脑结构（会用事实来佐证数据）以及人类身上的情绪。

➢ 人：有感情的生物，可以做出不可思议的事情

人，是思想、感情和肉体的有机整体。不管我们有多么想说"商业是理性的，以事实为准的"，在商业活动中，我们也会受到情感的驱使。之所以这样说，是因为人是复杂的物理、

能量以及化学系统，这是我们生命体验的基础。时间（无论是人类进化的时间还是我们个人在地球上存在的时间）越久这个系统就会越复杂。

1. 大脑的进化

技术并不是唯一一种不断变化的东西，人类也在不断地进化。进化并不一定意味着我们变得更好了，只是说我们更能适应我们的环境了。我们的大脑也在持续进化，因此大脑既包含低级元素也包含高级元素。大脑可以分为三个基本部分：

- 爬虫脑[①]（这部分跟爬行类动物类似）——这是原始的部分，专门负责生存需求，它不会思考，只会反应，战斗-逃跑反应就由这一部分负责的。

- 边缘系统（与其他哺乳动物一样）——这一部分是负责情绪、记忆、感觉和动机的中心。杏仁核是这部分大脑的一小部分。我们会受到来自爬虫脑的战斗-逃跑反应的支配，或者来自边缘系统的强烈情绪支配，丹尼尔·戈尔曼（Daniel

---

① 大脑进化过程中的第一阶段，和所有爬虫类的大脑类似。它具有冲动性和强迫性，只负责基本的生存功能和本能反应，如果爬虫脑占了上风，人的行为就会不受控制。——译者注

| 绪 论 |

Goleman）称为"杏仁核劫持"①。在"杏仁核劫持"状态下，我们的反应是不受自己控制的，除非新皮质介入。

• 大脑皮层，这是我们的中央处理器，是我们处理抽象思维、逻辑和语言的地方。大脑皮层可以覆盖上述两部分的情绪。这一部分负责做选择。我们选择赋予某个人、某件事、某种情况或任何其他事情以特定的意义。想象一个场景：在一次徒步旅行中，你看到一个细长的黑色圆柱形物体，那么它是一条蛇，一根棍子还是一根管子（因为你走的那条路是通往水管工院子的）？对这种类型的外部刺激的处理发生在大脑皮层。

大脑皮层由左大脑半球和右大脑半球组成。大脑两个半球我们都会使用；然而，许多人在成长过程中会更倾向于使用一边比使用另一边多。

• 右脑——自由、开放、聚焦面广；更机敏，直觉更强、对新的东西更敏感；更擅长处理图片；通过身体动作来学习；像个平行处理器；把当前情况放在更大背景中去考虑。

右脑发达的人读报告可能更喜欢其中的图表和图片；讨

---

① 人在负面情绪状态下，杏仁核会非常活跃。所以当我们焦躁、消沉、恐慌的时候，杏仁核就会出现，并且控制我们的身体，让我们不经过缜密的思考，就做出一些冲动的举动。——译者注

论一个项目的大背景时，可能会对一些细节感到厌倦；他们可能喜欢头脑风暴；在做决定时他们更多地遵从直觉；在整理办公室时，更注重分类，方便以后查找；在交流中他们很善于表达；不在工作场所的时候，他们可能喜欢来点音乐，或者聊一聊在更高层面上怎样安排事情会更好；他们可能更关注同事之间的感情，而不是具体的行为；他们可能更喜欢市场营销和宣传推广这一类职业。

- 左脑——聚焦面窄，注重细节，擅长语言、推理、逻辑、结构、分析，像一个线性处理器，管理着过去、未来以及近期和即时的信息。

左脑发达的人看报告时可能更喜欢其中的数字、事实和数据；在项目中坚持关键路径和细节；依靠逻辑，做决定时权衡利弊；整理文件时，更关注单个文件；他们在沟通时更喜欢直截了当；他们会遵守会议议程并有条不紊地进行；他们遇事会分析而不是凭感觉；他们可能更喜欢工程师或会计这样的职业。

来自我们"五感"（触觉、味觉、视觉、听觉和嗅觉）的信息通过我们的神经传导系统，经过脑干传输到大脑（图0-1）。脑干位于大脑的后部，这意味着神经感觉会刺激大脑

| 绪 论 |

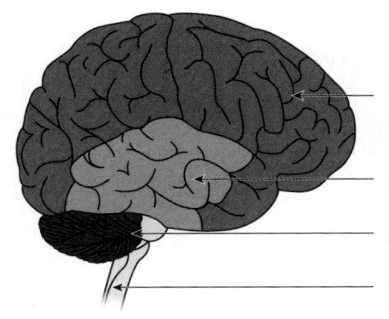

大脑皮层——负责理性思考（远离脑干，脑干是感觉信息的入口）

边缘系统——负责情绪和感觉

爬虫脑——本能驱动型脑

脊髓——通过脑干进入大脑

图0-1 人类大脑

的情感空间和边缘系统，然后到达大脑前额附近的高级推理区域。特拉维斯·布拉德伯里（Travis Bradberry）和琼·格里夫斯（Jean Greaves）的《情商速成书》（*The Emotional Intelligence Quick Book*）中指出，正是大脑这两个部分之间的相互作用奠定了我们情商的物质基础。

我们大脑中负责情感的部分先受到刺激，然后才是执行功能或推理功能。因此，当我们接收到刺激的时候情绪总是首先出现的。这意味着，我们大脑的结构及其进化表明，即使在工作中情绪也是时刻存在的。关于我们是否表现出情绪，是否对情绪采取行动，以及不管我们对情绪作何反应，我们是否表达或者如何表达最初的情绪冲动，都会在后面的内容中进行进一步讲解。

2. 神经科学

另一个会对我们工作（和生活）经历产生影响的是我们体内内分泌系统的运作，这种运作是在不知不觉中进行的，让人难以察觉。神经科学是研究大脑和神经系统的科学，它在了解大脑、了解系统间的相互联系以及化学物质对我们思维和身体的影响方面取得了重大进展。《当代心理学》（*Psychology Today*）将神经科学描述为心理学和生物学的交叉学科，它的目的是进一步了解我们的生理、心理和神经健康状况。我将把重点放在神经科学上，因为它不仅与训练和指导有关，而且还关乎最大限度地激发我们的潜能（以及员工的潜能）。具体来讲，就是我们人体的内部系统，尤其是我们身体的化学组成，是如何影响我们在日常生活中的反应以及我们的神经可塑性的。神经可塑性是指我们大脑的学习能力。让我来解释一下一些关键术语。

> 肾上腺素——肾上腺分泌的一种激素，可以促进血液循环，加快呼吸，为体力消耗做准备（比如跑——无论是跑步比赛还是逃离狮子的追赶）。
>
> 皮质醇——人体在压力状态下释放的一种激素；它负

责激活与短期生存相关的身体功能,从而抑制免疫系统。它与肾上腺素一起刺激人体对短期情绪事件产生记忆(记住未来要避免什么)。

多巴胺——神经细胞释放的一种神经递质,负责刺激人体奖励性学习;每一种奖励都会增加多巴胺向大脑的传递。多巴胺使我们能够看到奖励并为了获得奖励而采取行动。

神经可塑性——神经系统的能力,包括大脑向成熟状态发育,以及因为学习引起的细胞变化。也就是说,即使我们老了,大脑也会形成新的传导通路。打破旧有观念——你可以教会老年人新技能,只要他们愿意学习并坚持下去。

降肾上腺素——第二种神经递质(另一种是多巴胺),其作用是稳定前额皮质。分泌适量的时候,它会让人保持警觉且注意力集中;分泌过多则会降低大脑的敏锐度。

催产素——作为神经递质的一种,可以减少压力激素皮质醇的分泌,促进人与人之间的联系。它能唤起满足感,减少焦虑感,并且能让我们在另一个人身边感觉更平静更安全。研究还表明催产素与人际关系之间存在关联。

> 血清素——90%存在于肠道；它负责调节学习、记忆、情绪、睡眠和血管收缩。

关于应用神经科学激发人类潜能，我们了解到的是一定程度的压力有助于激励我们追求目标，但压力或恐惧太大则会阻碍我们。恐惧感或杏仁核劫持状态意味着我们的爬虫脑正在起作用，这时我们的执行功能不受控制，我们大脑的各个部分也没有密切协作（大脑并没有同时启用三个部分或两个半球），在这种状态下我们表现出的是简单的本能行为。我们的身体会分泌肾上腺素和皮质醇，导致我们的呼吸频率增加，血液循环加快，我们对身体的控制减弱。但是当我们得到关心或重视时，催产素分泌会增加，抗炎激素也会被释放出来，这两种激素都会让我们大脑的各个部分协调作业。然后我们就能够做出正确的回应而不是简单的本能反应，就能够有意识地做出选择，能够利用我们的身体和直觉做出更准确的回应。

神经可塑性这个术语描述的是一项新发现，即我们的大脑可以产生新的传导通路。以前，人们认为随着年龄的增长，我们的大脑就不会再产生新的传导通路了——用一句话总结就是"人老难学艺"。现在科学已经证明，如果我们对新的想法或行为加以练习，我们就能以新的方式做出回应，更好地服务于自己的需求，我们的大脑就能创造出新的传导通路。我们可以从根本上对我们的大脑进行重新编程，从而以主动的、有意识的方式去处理压力或恐惧。比如，当你必须在一大群观众面前演讲时，你可以规划并练习不同的想法和举止，从而增进愉悦感，减少恐惧感。比如，想一下成功的感觉是什么样的，回忆一个过去让你感觉到很自信的场景，并将它应用到你的排练中。在开始演讲前，用一个仪式提醒自己对本次演讲乐观积极的感受，在排练和演讲时大量借助感官信息（触摸讲台，闻房间里的气味，听声音，有意地在舞台上编排身体动作）。研究表明，成年人只能通过做、练习及实验来加强新的传导通路（从构造上讲，传导通路是覆盖在神经外面的一层厚厚的髓磷脂，有效地保护神经元，从而使它能够快速做出习惯性反应），而儿童既可以通过做来加强传导通路，也可以仅通过思考来加强传导通路。

3. 社会动物

人是群居动物。一些社会学家认为人曾经是群居动物，现在是社会动物。不管确切的标签是什么，人只有在高度协调的群体中才能生存。事实上，感觉自己属于某个群体，是某个群体的一部分，对人来说是如此地重要，以至于我们常常无意识地追随潮流。

工作团队就是一个独特的群体或社群。员工需要感觉到他们属于这个群体。成为一个社会群体的一部分对于熟练地处理人际交往或人际关系是十分必要的。我们需要有归属感，觉得自己受欢迎，而且工作占据了人们生活的很大一部分时间，所以为员工创造归属感是非常重要的。

➤ 软技能影响公司的业绩

人际交往能力对营业收入的影响是相当明显的。无论是一个销售产品的企业，还是出售服务的企业，或者是为了保障捐赠物资的筹资企业，只要是成功的销售人员或资金筹集者往往都拥有出色的人际交往能力。他们有兴趣了解客户的需求和感受，然后定位他们公司的产品如何去满足这些需求。当一个销售人员非常了解他自己的产品，又充分了解客户的需求，然后向客户讲解互惠关系时，那他不但完成了分内工作，还朝着销售目标冲刺，从而为公司创造了利润。销售人员不可能在和客户相处很差的情况下还能实现可持续的收益。

软技能和人际关系对企业"成本"的影响与对企业"收

绪 论

益"的影响一样大。当一个企业与客户/消费者、员工、供应商保持良好的关系时，它通常都是盈利的，不管是有形的还是无形的。当业务互动始终以良好的人际交往技能推进时，业务性质便从事务型转变为关系导向型。让我们从最明显的例子开始，看看人际交往技能对客户服务部门损益情况的影响。当消费者对你公司的产品或服务不满时，（负责任的公司）鼓励消费者联系客服代表。优秀的客服代表会用良好的人际交往技能来处理客户的投诉。另一个例子是企业损益中的劳动力成本或人力资源成本。一个员工如果觉得自己有价值，有参与感，那么他不太可能辞职，这样就可以为企业节省招聘成本，而且在员工的基本需求得到保障的情况下，他们也不太可能会要求额外的补偿。让员工有参与感的人际交往技能会将企业的工资支出保持在合理范围内，还能减少缺勤，从而能持续地提高生产力。另一个主营业务成本的例子是关于和供应商之间的关系的。利用良好的人际交往技能与供应商建立和谐的人际关系可以带来（更大的）折扣、更有利的支付条件，使你更早地接触到新的机会，还能互相分享促进业务的想法。

本书中的每一个原则，包括绪论的内容，讲完之后都会设置一个挑战让你尝试去完成。挑战是为了确保所学技能得到练习，并且对所学内容进行反思，从而激励你付诸行动。我给我的高管客户在一对一培训中提供的挑战就是这种类型。我鼓励他们在培训间隙不断尝试，然后反思哪些有效，哪些无效。除非你付诸行动，否则这本书中的内容既不会改善你的业绩，也不会增加你公司的利润。想并不能让事情有任何改变，只有做才能。我建议你准备一本空白的日记本或笔记本，在你阅读这本书的过程中使用，这样你就可以把所学的东西集中记录在一个地方，便于你后面越学越多的时候返回来查看。

| 绪 论 |

本节挑战

这个挑战的目的是帮助你意识到软技能在商业中的重要性（事实上软技能在任何地方都很重要）。哪些事情对你、对团队、对企业有帮助？还有哪些地方是能继续进步的？积极的人际交往技能对企业的利润有什么价值？

按1~10分分为10个等级，1分代表完全无效，10分代表非常有效，你认为自己在工作中使用软技能的熟练程度和持续程度应该处于哪个分数段？

你公司的哪部分利润可以通过更好的软技能或更好的人际关系得到改善？

你的人际关系中还有哪些可以改善——不管是从消极到积极，还是从良好到卓越？

在哪方面提高员工参与度和创新力会给企业带来好处？

你公司的工作氛围如何？是紧张的，沉闷的，还是有利于成长和学习的？

你认为软技能在商业场合意味着什么？

这周花一个小时思考上面的问题。思考完之后浮现在你脑海中的主题、模式或信念是什么？

通过反思，写下至少5条关于你自己的学习收获及观察所得，5条关于企业的学习收获及观察所得以及5条软技能对企业的重要性。找5个可以利用绪论部分软技能相关内容的机会——可以是你能直接采取的行动，也可以是你能对他人产生影响的方法。

思考下列练习和话题：

▶ 通过反思你对自己有了哪些了解？

▶ 通过反思你对别人有了哪些了解？谁软技能掌握得好？

▶ 在企业里，与软技能相关的哪些行为或事情是你想鼓励的？

▶ 你的企业把软技能聚焦在哪一部分会获得最大收益？

第 1 部分

内 部

本章讲的是把焦点放在自己身上；了解你所知道的关于你自己的一切，然后认真思考从本质上来说你是谁，你给这个世界（以及给那些与你相处的人）带来了什么。如果你连自己是从伦敦出发还是从多伦多出发都不清楚，那么你就不可能真正到达目的地。就像在工作中，如果你不清楚当前的销售额，你就不可能完成全年的销售目标。如果你想培养自己的技能，自我意识是最基本的起点。

到本书第1部分结束时，你已经积累并强化了很多对自己的观察了，包括从自己角度出发的以及从他人角度出发的观察。你的起点是你自己已有的或者别人告诉你的关于你的情况，这些不难实现。如果你参加过领导力培训课程，你可能手里有一些评估结果和研究结果，这些结果可以供你参考。只要你完成了这些，接下来我将带你跨越已知的或者显而易见的领域，去探索新的、未知的领域，并帮你发掘你的驱动力、偏好和你自己目前可能还不了解的地方。

厘清了有关自己的信息之后，接下来你要探索挑战自己的极限。为了过上自己想要的生活，为了对他人产生自己希望的影响，为了得到自己渴望的结果，你应该如何智慧地使用有关自己的这些已知信息呢？是不是听起来有点不可思议？如果真正有效地实施了，这些将有助于你进行自我管理，从而对在你工作中起关键作用的人产生更有效的影响。这会让你的日常行为更多的是基于有意识的选择而做出的，而不是靠偶然的运气，这样更有助于你创造自己想要的生活。这个过程类似于SWOT分析[①]（一种企业内部分析方法）。你可以将这个分析方法应用到企业的业务分析中，帮你了解企业的优势和劣势，并有效地利用这些优势来实现预期的企业提升以及在市场上的地位。

> 我对你的希望：自省是自我意识的起点。读完这本书后，你可以继续扩展自我意识。我们一生都在进化和成长，所以我们总能注意到新事物，并不断学习、开发新事物。当你有意识地做选择并能注意到你对别人的影响时，那你对自己的了解也会更进一步——但这属于抢先一步了。不过，如果你选择这样做的话，你的自我意识之旅可

---

① SWOT分析是基于内外部竞争环境和竞争条件的态势分析，包括内部优势、劣势和外部的机会、威胁。——译者注

> 能会在第1部分就结束——不是因为没有进一步学习的机会了,而是因为你对进一步学习没有什么特别的兴趣了。我希望是前一种情况而不是后一种,因为周期性地自我反省(不是不断地,钻牛角尖式地自省)会让你的生活更丰富,更有效地实现你的目标。

原则1　了解你自己

人际交往能力的提高以及领导力的提升，都是从你自己开始的，因为你自己是唯一一个你能够改变的人。我相信你已经尝试过改变其他人，比如你的伴侣或老板。结果怎么样呢？如果他们能有所改变，你已经算很幸运了。改变的最大契机在于充分了解你自己，你要将关注点放在你所能控制的事情上。

提高人际交往能力的起点是找出关于"你是谁"的起点。乔哈里视窗（Johari Window）为你接下来要从哪些地方着手提供了一个简单的框架。乔哈里视窗（图1-1），是心理学家约瑟夫·勒夫特（Joseph Luft）和哈林顿·英厄姆（Harrington Ingham）在1955年创建的一个简单的2×2模型，对自我意识的发现以及理解自己与他人的关系有很大的帮助。

这个原则全是关于你自己的。首先，回想你已经知道的有关自己的信息。我们把这个阶段叫作收集整理阶段。

其次，学习如何发现有关自己的新信息，或者至少意识到关于自己的一些更深层次的信息。这个阶段是自我反思和深入挖掘阶段。这个原则的最后有个挑战，这个挑战会让你重新理

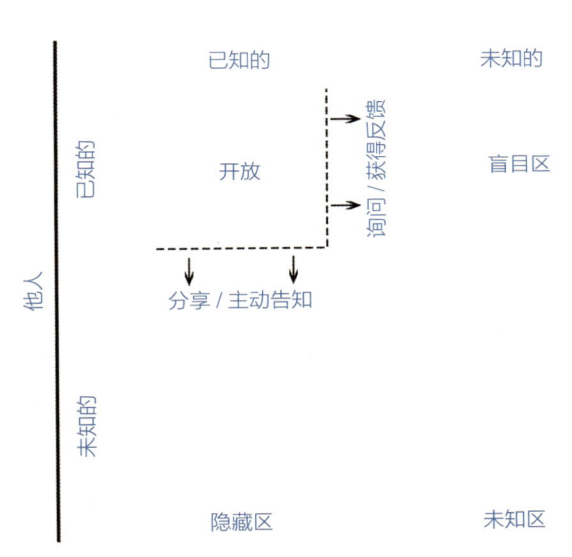

	自我	
	已知的	未知的
他人 已知的	开放 询问/获得反馈	盲目区
	分享/主动告知	
未知的	隐藏区	未知区

图1-1 乔哈里视窗

解自己的个性以及你的个性对你做事效果的影响。这个阶段既是自我观察阶段，也是对自己充满好奇心的阶段。

➤ 整理关于自己的现有数据

首先，把所有你能获得的关于自己的信息做一个清单。搜集你近年来积累的所有数据，包括：

- 绩效考核。

- 360°全方位调查（包括你的老板、团队和同行对你做出的评价）。

- 获奖和认证。

- 投诉或批评。

- 你的热情在什么地方，你喜欢做什么。

- 你收到的所有反馈，例如口头表扬、祝贺卡片、信件和电子邮件。

- 你做过的所有测评，如迈尔斯-布里格斯类型指标[1]（Myers-Briggs Type Indicator，MBTI）、DISC职场测评[2]（DISC Workplace Profile）、性格色彩测试（Discovery

---

[1] 迈尔斯-布里格斯类型指标是由美国作家伊莎贝尔·布里格斯·迈尔斯（Isabel Briggs Myers）和她的母亲凯瑟琳·库克·布里格斯（Katharine Cook Briggs）共同制定的一种人格类型理论模型。该指标以瑞士心理学家卡尔·荣格（Carl Jung）划分的八种心理类型为基础，从而将荣格的心理类型理论付诸实践，经过二十多年的研究，编制成了迈尔斯-布里格斯类型指标。——译者注

[2] DISC职场测评是国外企业广泛应用的一种人格测验，用于测查、评估和帮助人们改善其行为方式、人际关系、工作绩效、团队合作、领导风格等。DISC代表Dominance（支配性）、Influence（影响力）、Steadiness（稳定性）、Compliance（服从性）这四个维度。——译者注

Insights）、领导圈（The Leadership Circle）、霍根测评[①]（Hogan）、贝尔宾团队角色评估[②]（Belbin Team Roles Assessment）、点正测试（Point Positive）[③]、实现2种优势（Realize 2 Strengths）、盖洛普优势识别测试[④]（Gallup

---

① 由霍根博士于20世纪70年代发表，该测评被誉为第一个专门针对商业组织的人格测量工具，为众多企业和组织提供针对人格的测评服务，尤其是领导力方面的测评。——译者注
② 贝尔宾团队角色评估：剑桥产业培训研究部前主任贝尔宾博士和他的同事们经过多年在澳洲和英国的研究与实践，提出了著名的贝尔宾团队角色理论，即一支结构合理的团队应该由九种角色组成（智多星、外交家、审议员、协调员、鞭策者、凝聚者、执行者、完成者、专业师）。贝尔宾团队角色理论认为高效的团队工作有赖于默契协作。团队成员必须清楚其他人所扮演的角色，了解如何相互弥补不足，发挥优势。——译者注
③ 点正测试：致力于在阿迪朗达克地区建立创业企业，为有抱负的专业人士提供所需的支持，以启动或加速业务并创造就业机会，通过指导和教育，提高对经济活力和商业机会的认识。——译者注
④ 盖洛普优势识别测试：美国著名的社会科学家乔治·盖洛普博士创建了盖洛普公司，这家公司开发了一个著名的产品叫作"盖洛普优势识别器"，通过长达45分钟共177组的问题，将人与生俱来的思考、感觉或行为模式进行34个优势才干主题排序，一共划分4个领域：执行力、影响力、关系建立、战略思维。——译者注

| 职场软技能 |

Strengths Finder）、九型人格测试[①]（Enneagram）等，如果你没有做过这么多种测评，你可以在网上找到一些免费或便宜的版本来做。

- 家人和朋友对你的评价。

如果以上几点你都不具备，那就给你生活中的某个人或职场中的某个人发一封邮件，征求他们的意见。为了省事，你不用想得太复杂，可以直接套用下面的问题完成邮件：

我正在努力培养我的软技能，如果您能提供任何建议，我将不胜感激。辛苦您尽可能详细或具体地回答以下4个问题（注意，您最先、最快反应出来的答案不管从您的角度来说还是对我来说都是最理想的）。

▶ 哪些事情是我应该开始做的？

▶ 哪些事情是我应该停止做的？

▶ 哪些事情是我可以继续做的？

---

① 九型人格测试：九型人格测试属于一种自我测试。九型人格测试主要用于帮助你有效地掌握个人行为习惯，测试中的问题答案没有好与坏之分、没有正确与错误之别，它仅反映你自己的个性和你的世界观，将有助于你更好地了解自身的优势和弱点，并知道在何种情形下你的行动将更为有效。——译者注

▶ 与其他领导者、你认识的人或与你共事的人相比,我有什么独特之处?

非常感谢您的反馈。

(开始/停止/继续模式是寻求反馈的一个有效方法。它引导人们思考具体的问题,而不仅是笼统地问"我做得怎么样?"或者"请给我一些反馈"。按照开始/停止/继续的顺序,这样更容易寻求反馈者并开始练习,也可以让他们在结束练习时抱有积极的态度,这样他们就不会感觉很糟糕。)

另外,你的伴侣或家人会对你的优点、缺点以及你与众不同的怪癖做何评价?他们会因为什么而取笑你?把这个问题延伸到你亲密的朋友身上,尤其是你最好的朋友身上。

如果你生活中的朋友对你的评价与职场中共事的人对你的评价相似,这并不让人感到吃惊,因为你在本质上是同一个人,只不过是在两个不同的环境中。如果你的亲友对你的评论和同事对你的评价截然不同,这对你来说意味着什么?你内心发生了什么导致你在工作中与在家庭中表现得差别如此之大?

上面搜集的所有数据可以做如下分类:

- 你的优点是什么?

- 你的缺点是什么？

- 与其他人相比，你的独特之处是什么？比如企业可能利用自己的独特之处将自己与竞争对手区分开来。这种独特之处对于我们自己更好地了解自己也具有更好的借鉴作用，你也可以利用这种区别将自己和同龄人区分开来。

- 生活中你最感兴趣的是什么？工作中你最感兴趣的是什么？

- 沟通时你的偏好是什么？你在做决策时有什么偏好？在感知周围环境时你有什么偏好？想想你最喜欢和哪一类人一起工作，这些人很可能跟你有相似之处，所以这也许会帮你确定自己的偏好。

试着总结一下，不需要多完美或100%完整。"完成"比"完美"更重要（就像我的图书指导师在我写本书第一稿之前说的那样）。这是一项永远处在进行时的工作，因为你本人一直都在成长。当你进入下一个阶段时，你收集的有关自己的新信息将进一步完善现在这个结论。

➤ 搜集关于自己的新数据，包括个人身份和职业身份两方面

另一个很好的信息来源是从你的个人身份叙事和职业身份

叙事中收集数据。洛桑国际管理发展学院教授、荣格分析师杰克·伍德（Jack Wood）鼓励工商管理硕士和高管通过这个项目获得一些最宝贵的经验（考虑到他们支付的数万欧元学费，这是一个相当明显的鼓励）。个人身份叙事和职业身份叙事就是你的人生故事——关于你从哪里来，你现在在哪里，你要到哪里去或者你认为你可能会到哪里去的大致轨迹。他说："如果你认真地对待个人身份叙事和职业身份叙事，并反思、书写你的生活历程——包括你的身份来源和你所信奉的目标——这将帮你更好地理解你生活中更深层次的趋势和模式及其持续的影响。"

第一步是写下你人生中重要的事件

开始去写就对了！这一步只是为了搜集这些小故事，就像书的章节或简单的段落那样。你要涵盖你的童年（不要只写事实，还有你对成长过程的感受），学校经历，工作和职业（虽然这不是一份简历），人际关系（包括与父母、恋人、朋友的关系），高光时刻，消沉时刻，后悔遗憾的时刻（包括你已经做过的和尚未做的）——不要为了传阅量而去思考那些亮点、低谷、遗憾（你已经做过或尚未做的事情）、学习收获最大的时刻、感觉毫不费力的时刻。不要担心写得是否有道理、写得是否很好或很符合逻辑。写这些只是供你自己阅读和分析用的。写的内容包括例子、详细的描述（不要用幻灯片或要点梗概）、你的感受以及你对事对人的情绪反应。

我用了一个星期的时间完成了我的个人与职业身份叙事的初稿，最终打印了10多页，单倍行距。别忘了，我喜欢写作，而且打字速度也可以，所以说这些数据并不是吓唬你。几个月后，这个稿件就超过了20页。杰克建议初稿用5～10页，完成稿用10～15页。如果要做得很彻底，可能需要一段时间，不过最坏的情况也不过是给你的孩子留下一份遗产（尽管这可能太暴露你的隐私了，但如果你在写的时候不担心被看到的话也没什么）。我鼓励你做更多尝试，而不是仅仅做让你感到舒服的事情；正是当我们跨过舒适区的时候，我们学到的才最多，并且感到最有力量。

第二步是分析你所写的内容

能为我们提供信息的是反思的过程。反思可以发生在你写作的过程中，也可能发生在写完之后。关于你在自己的生活中创造出来的东西你注意到了哪些？哪些事情让你的生活更容易？哪些让你的生活变得更难？哪些让你从一种处境到了另一种处境？生活中发生的各种事情让你对自己或对你的生活方式得出了什么样的结论？从进一步的个人发展来说，这些事情对你有什么样的影响？是什么模式在影响你？

例如，通过个人及职业身份测试我理解了为什么我从加拿大搬到瑞士后适应得这么快。由于父亲工作的原因，在我还是个小女孩的时候，每隔五年就搬到一个新的城市生活。第一次搬家之前，我父母向一位教育专家咨询了有小孩的家庭搬家应注意的问题。专家建议我父母在那学年结束前一两个月带着我和弟弟搬过去，那样我们就有时间在学校放暑假之前交到朋友。我们就能认识附近的其他孩子，并且和他们一起玩。这意味着到了新学校我会被安排到已经分好的班里，而班里的其他小孩有学习小组，他们已经在一起好几个月了，我作为新人，要去融入。我记得三年级的时候，有一次我被教学秘书带进教室，当时其他孩子已经开始了他们一天的学习生活。教室里有三年级和四年级的学生，老师让我站在讲台前做自我介绍。我在不同场合不止一次这样做过，因此当我到达瑞士时，我能全身心投入，向陌生人介绍自己。通过个人及职业身份测试我意识到了这种模式，了解了自己这一方面的技能，并且更有意识地去使用这一技能为我服务（比如在我一个人搬到英国生活又没有工作时）。

挖掘潜在的数据——挖掘你的价值观

价值观是什么

大多数企业和公司都有自己的价值观。通常，你可以在企业网站或新员工入职介绍材料中找到。就像企业都有价值观来自我定义并指导自身如何运营一样，个人也有价值观。通常，我们的价值观与我们所在企业的价值观是一致的，这种契合是我们有意识选择的结果，或者是无意识达到的。比如，在我写这本书的时候，谷歌在线列出了自己的十个价值观，其中有几个是：关注用户；把每一件事情做到极致；快比慢好。

价值观是你的重要组成部分。践行自己的价值观能让你感到充满力量；通常当人处在心流状态[①]时，也就是最专注的状态时，就会感到充满力量。为了帮你确定你的价值观是什么，作为教练，我会搜集你觉得与生活同频共振的时刻，或者你感受到活着的兴奋、活力、共鸣和纯粹能量的时刻。在你完成下一个练习之后，当你感觉到同频共振时，我会提醒你注意这种

---

① 心流状态在心理学中是指人们在专注进行某行为时所表现的心理状态。——编者注

感觉。

一个能让你发现自己价值观的练习

请你回答以下问题（你不必回答所有的问题，除非你想回答）。回答问题的关键在于描述，在于解释原因，而不仅是事情本身。我将用两个客户的例子来说明这一点。一位客户说，他和人聚餐喜欢吃奶酪火锅，不仅是因为他们喜欢吃融化了的奶酪，而是因为那代表着与人分享，是社交，是慢下来共度时光，虽然食材简单，但却代表了一种仪式。相反，另一位客户喜欢吃泰国菜，因为泰国菜的种类丰富、调料独特，而且起源于异国，还有就是他只有在特殊的日子才会吃泰国菜。这两个客户的描述形成了鲜明的对比，体现了他们截然不同的价值观。

注意各种问题中反复出现的模式或主旋律，寻找重复的词语和观点。留意你在实际践行时是什么样子的，你实际践行的方式本身可能会指向你的价值观。你做事是慢条斯理，还是迅速麻利？你讨厌书或者电影时只能二选一吗？如果你喜欢多样性，那这也许能说明一些东西，比如你面对不同的选择时的心理活动；你喜欢自由且不受限制的想法。

▶ 描述一次特别有意义的或者让你心酸的深刻体验或时

刻，再回想一个特定的场景，比如走过大学毕业典礼舞台只是为了拿毕业证书，而忽略了大学的经历。

▶ 你最喜欢的食物是什么？你最喜欢的一餐是哪一餐？对于喜欢的食物，具体喜欢它什么？

▶ 你最喜欢的电影是什么？你最喜欢的书是什么？你最喜欢那本书的什么？你最喜欢那部电影的什么？

▶ 你崇拜的人是谁？可以是过世的、在世的、真实的、虚构的、你认识的或者未曾谋面的。你为什么崇拜他？

▶ 描述美好的一天。不一定是实际发生的，你可以尽情发挥你的想象力。

▶ 你鄙视什么？鄙视的对立面可能代表了你的一个价值观。

▶ 你的梦想是什么？

▶ 童年时你的梦想是什么？

▶ 在你的生活中，你必须用的东西是什么？为什么？

▶ 什么东西能够激励你？

▶ 想想你最近做的一个重要决定——其中包含了什么样的价值观？你做了什么贡献？

▶ 回顾你克服恐惧的时刻，是什么帮了你？

▶ 在日常生活中，什么能让你露出笑容？

▶ 什么会让你嫉妒？可能那就是你自己想要的东西。

这个练习的关键是对这些答案进行反思，你给出了答案之后要寻找其背后潜在的原因，这一点很重要。感受"你产生能量共振的时刻"，这意味着那种能量对你很重要。在你给出的这些回答中找共同的元素。有什么重复出现的模式或主旋律？环境不等于价值。换句话说，"家庭"是一种环境。家庭对你来说有什么意义？"家庭"里的什么能带给你能量和活力？可能是爱、连接、遗产、归属感、安全感或其他东西。

值得注意的是，价值观也有其消极的一面。"爱"带来的温暖、关爱和连接是美好的。但是如果你太爱一个人的话，他就会主宰你的生活，你会对他产生依赖，这样的关系不是良性发展的关系，甚至会让你和你爱的那个人窒息。

在你明确了自己生活中的主旋律、重复出现的模式和不断重复的词语之后，请将这些相似的词或主题组合在一起形成价值串，因为单个词无法表达出完整的思想或本质。例如：

正直/诚实/言行一致	vs	正直/完整/一致
领导力/协作/赋能	vs	领导力/果断/强大

价值观在我们的工作和生活中是如何体现的

强烈的情绪，不管是积极阳光的，还是消极负面的，可能是在提示我们价值观受到影响了。值得注意的是，没有哪种情绪是真正积极或消极的，消极或者积极只是我们用来评价情绪的标签而已。你的情绪反应是一个信号，表明你的价值观受到了尊重或被践踏。如果你感到沮丧或愤怒，很可能是你的某个价值观，或对你来说很重要的东西，被羞辱或者被践踏了。如果你感到快乐或满足，那有可能是你的价值观得到了尊重。

前面练习的问题你也可以问其他人，来找出他们的价值观。人是通过行为传达自己的价值观的。例如，我通常走路走得非常快，这并不是因为我快迟到了，而是因为我意志坚定，注重效率，所以为什么要磨蹭呢？有一个金科玉律——如果你不想根据刻板印象评价别人，或者让自己显得像个傻瓜，那你一定要确保你弄清楚了别人的价值观。因为有些人走得快就是因为他们很着急！

希望到目前为止，你至少对自己作为一个独特个体的复杂性有了一个初步的了解。你在这节学到的内容将在下一个关于自我意识和自我管理的原则中得以扩展和应用。

本节挑战

这个挑战的目的是更好地了解自己；对自己的动机、偏好和行为有更清醒的认识；让你无意识的习惯或机械反应变成有意识的行为和反应。

这周请你花一个小时的时间整理一下你收集到的有关自己的所有数据：绩效表现、评估、反馈、你应该开始/停止/继续的事情，列出你的优点、缺点、独特的品质和偏好。如果乔哈里视窗对你有帮助，你可以使用它。

再花一个小时完成上面描述的价值观练习。做完练习后你有没有发现什么规律或模式？如果有的话，将它们转换成4~7个价值串或描述，记录对你来说重要的东西（记住"完成比完美更重要"）。

以这些为起点，写下至少10个关于自己的学习总结或见解。关注积极的一面或做观察性评论，而不做价值评判（好或不好）。

额外任务：这个月花几个小时时间写一下你的个人身份及职业身份叙事——你可以愉快地完成这个任务。你可以在酒吧、咖啡店、花园或者任何你喜欢的地方完成任务。

反思这些练习以及出现的主旋律：

▶ 你对自己有什么了解？

▶ 你注意到了别人的什么？通常当我们自我意识增强的时候，我们也开始关注别人，既包括我们与别人的相似之处，也包括不同之处。

▶ 生活中哪些习惯、行为或价值观对你有帮助？哪些没有帮助？

▶ 你还需要了解或想要了解哪些关于你自己的情况？

▶ 你的自我意识不断提高对你的行为或你的状态有什么影响？对你现在的生活方式有什么影响？

▶ 这个挑战的第五天和第一天相比，你的能力有没有提高？了解自己对你来说有没有变得容易一些？

原则2　保持自我意识

当你有了更多自我意识、自我管理以及做了更多有意识的选择之后，是时候更进一步了。

➤ 开发更多的自我意识

本书中每个原则结尾时的挑战都是为了增进你对自己的认识，将你自己的方方面面带到你的意识层面来，换言之，让你对自己的方方面面有意识。自我意识往往是情商的首要方面，因为如果不了解自己，就很难了解他人，因此也更难找到正确的方法去应对遇到的困境。开发自我意识的第一步是留意你在遇到各种刺激时是如何做出反应的。

下面列出的身体、情感和智力三方面的观察并没有穷尽所有可能的情况。这个列表描述的只是三个主要的刺激区域和信息来源，而不是为了穷尽所有更详尽的东西。这本书是人际交往技能的实用指南，因此它关注的只是主要领域，而不是面面俱到的细节，因为那些细节内容你可以从任何一本其他讲情商的书中找到。

| 职场软技能 |

身体：注意身体的感觉

观察自己的反应最简单的方法是留意自己身体的感觉。在工作场合这似乎不合理。你可能好奇，身体与工作和软技能有什么关系呢？

实际上，身体的感觉是你可以利用的数据。例如，胃痉挛可能是某个糟糕情况的预警。颈部紧张可能是在提示你有未意识到的压力。每个人都有自己身体上的感觉，这些感觉体现了恐惧、自信、快乐、焦虑或悲伤的情绪。了解你的身体感受，注意你身体感觉，因为它们通常会提示你有什么事情不对劲。还记得在这本书的绪论中我提到过某种刺激经我们身体的神经通过脑干传入我们的大脑，在我们还没有意识到这些感觉意味着什么的时候它就刺激了我们的身体。

实践本书中的挑战，将帮你在日常生活中提高自我意识。自我意识的实践本身就能创造更强的意识。

情感：注意情绪

注意你的情绪或感觉。你对人、对事情、对信息甚至对你自己的想法有什么样的情绪反应？什么能给你带来快乐？你在什么情况下会感受到被爱？你害怕什么？什么让你感到内疚或羞耻？什么会让你生气或痛苦？你的情绪是你了解自己的又一组数据。

当我问新客户感觉如何时，得到的回答经常是这样的："还行""好"或者"很好"。这些都不是情绪，只是在进入"真正的"谈话话题（如需要解决哪些问题）之前，社会可接受性更高的回答。草地治疗中心（The Meadow Treatment Centre）的皮亚·梅洛蒂（Pia Mellody）认为人有八种基本情绪：愤怒、恐惧、痛苦、快乐、热情、爱意、羞耻和内疚。其他情感专家也认为人类最基本的情绪种类是有限的。我发现对情绪进行简化对新手很有帮助，因为它让选择变得更简单，也有助于专家找到根本的感觉。因为有时语言的细微差别可能会掩盖、否认或驱散某种情绪，使其变得难以辨认。也有时候，语言的细微差别可能会让某种情绪更容易被人们察觉。

例如：当发现房地产中介没有记录我为想买的那个公寓提供的初始报价时，我表示很生气，并感受这种情绪的力量，要比说"我感到愤怒/不满"更诚实，也更真实。我很生气，是因为这让我陷入了一个困难的境地，因为针对我后续的报价，开发商回复说："我们折中一下吧。"由于他们没有记录我的初始报价，所以没有意识到我已经做了很大让步了。再举一个例子："我感到满足"和"我感到快乐"是截然不同的。每个词所蕴含的能量对我来说都是不同的。

对我来说，管理情绪不是天生就擅长的。我年轻的时候几乎意识不到自己的情绪。我在一个安静、理性、似乎没有感情的家庭里长大。我从小就内向、勤奋却又胆小。这种情况一直延续到我成年以后，我成年后，早期的大部分时间也都是这样的。我甚至选了一个有着相似成长经历的生活伴侣，他也在类似的环境中长大，在这样的环境中，人不会去探究自己的情绪，表面上看起来一切都很平静。当我回首往事时，我的情绪还在；我只是害怕情绪，所以我压抑它，或者其实我根本没有意识到情绪的存在，而且我缺乏标记并描述情绪的词汇，也没有讨论情绪的环境。恐惧是一种情绪，这种情绪伴随了我大部分的早年生活。当我三十多岁的时候，我发现自己生活在恐惧中，于是我尽量避免去感受它。我仍然无法用语言表达我的恐惧感，但我知道它就在那里。直到我的父母去世（在本书的最后一部分中会讲）我才开始研究情绪。我父母在几个月内相继去世，这件事彻底将我打醒。现在我知道，我在做决定的时候或者在评价我的人生经历时，感觉或情绪通常是一个强大的引导力。在约会的时候，我会注意我与约会对象在一起时的感受。我是感到自信、觉得自己聪慧、充满好奇心呢？还是感到拘谨、害怕，无聊或者冷漠、无所谓？和某个人在一起或身处某个特定环境时，我的感受是影响我对这个世界看法的一个重要因素。

心理学家说，没有所谓的积极或消极情绪。每一种情绪都只是它本身而已，是我们赋予了它意义。老实说，对有些情绪我们通常是渴望的，比如喜悦、爱和激情，而对有些情绪我们则是回避的，比如羞耻和内疚。每种情绪都有光明的一面也有黑暗的一面。卡尔·荣格将黑暗的一面称为情绪的"阴影"。试着不要评判你的情绪，从注意它们开始，也许你会发现你赋予它们的含义。表1-1为情绪的光明面和黑暗面。

表1-1 情绪的光明面和黑暗面

情绪	光明面	黑暗面
愤怒	能量、热量、动机	仇恨、攻击
恐惧	保护、警告	限制、无助
痛苦	防范、启发	损害健康
快乐	赋予能量	轻浮、愚蠢
热情	提供能量	消耗
爱意	接受	没有主见、依赖
羞耻	敏锐	畏缩
内疚	反思	沉重

也许你会问自己，感觉为什么如此重要，尤其是在工作中。曾经有客户问过我这个问题。这是因为你的感觉在很大程度上是你对生活的体验。当然对你的员工来说也是如此。想想你生命中的美好时光和糟糕的时光。你的记忆包含了你的感受以及这些感受对你的影响。20世纪70年代还有一个思想流派，主要以路易丝·海（Louise Hay）为代表，这个流派认为情绪与健康有直接的关系，这里的健康既包括身体健康也包括心理健康。有两种很鲜明的观点，也许会引起争议，但是却包含了不可否认的事实。

身体上的不适（疾病）其实是生活中某些东西"不适"引起的。 一些秉持整体观念的医生认为，人类所患的身体疾病可能是由心理状态或情绪状态的不协调引起的。路易丝·海在她的著作《生命的重建》（*You Can Heal Your Life*）中写道："我们身体上每一种所谓的疾病都是我们自己造成的。"虽然我不相信所有的身体疾病都是由情感创伤引起的，但我相信我父母都是由于情感原因过世的。在母亲表现出阿尔茨海默病的症状之后，我父亲感到非常难过、愤怒、悲伤，因为不管从哪个角度讲，他都失去了结婚48年的妻子，他的妻子也失去了他们共同拥有的回忆。父亲去世后，我母亲感到害怕、迷茫、孤独，担心没有人照顾她，因为她知道自己没有能力独自生活。

你越抗拒的东西越会持续存在。这是心理学家卡尔·荣格观点的现代缩略版。如果你抗拒或者否认受伤、悲伤或愤怒的感觉，那么这些感觉就会一直在，直到你感受到它们，看到它们，接纳它们以及它们背后的原因。

智力：注意你的想法

我们的大脑产生思想，这是它的职责。大脑不断地评估环境并赋予它意义。我们除了偶尔能意识到这种意义，其余时候通常都是意识不到的。当我们打开电灯开关的时候，我们很少会去想发电厂正在发电，电流通过电线传输到我家的电路板上，通过发电厂和电灯开关这两个终端，接通了电路，于是产生了灯泡里的光。如果我们在每一件小事上都考虑得这么细致，那我们就没有时间做其他事情了。我们的潜意识为我们提供了捷径，让我们默认了电的工作原理。

当我们遇到信息差的时候，我们的大脑会自动填补，以便帮助我们理解。大脑填补的这些信息通常都是假设，因为我们并不总是能获得全部信息。也就是说，我们的大脑不停地在"编故事"，给我们的生活创造意义，为我们的理解提供素材。举个例子：星期六晚上，在当地的一家酒吧里，有一个男

| 职场软技能 |

人头上戴着一顶毡帽，围着一条厚厚的奶油色羊毛围巾，身穿一件黑色羊毛大衣，里面套着一件羊毛外套。他站在舞池的一边听乐队演奏。他喝了一品脱（约568毫升）啤酒，然后用手指敲了敲杯子。有几次，他把啤酒放在桌子上，出去抽一会儿烟，然后又回到原来的位置，于是其他人离开了这个桌子，尽管酒吧位子很紧张。我和朋友不自觉地想要了解这个人。他是来考察乐队的经纪人吗？他是来评估酒吧经营状况的老板吗？在这么热的舞场他怎么没有流汗呢？仅几秒钟的观察，我和朋友就产生了这种条件反射。

托马斯案例研究——自我意识

有一位高层领导，我们姑且叫他托马斯（Thomas）吧，他被提拔到了执行委员会，接受了一对一的高管培训，这个培训是所有高管领导力培训项目的一部分。他自己的目标是通过培训增强自信心，而公司的目标则是想通过培训提高他的战略思维。在我们第一次见面会谈的时候，他说他很难接受自己已经成了执行委员会的一员，这主要是因为他现在与他以前仰慕已久的领导人处在同样的级别。我给他布置了作业："注意你在参加执行董事会时

> 的感受。观察你的身体,记住你的感觉。注意你脑子里闪过的想法。"他做到了,在我们的下一个疗程中,他能够描述出他在参加那些会议时有什么样的感受。他通过描述发现,他经常感到紧张,自我防备意识过重,这导致同事问起他的职责范围时,他会反应过度。另外,他的老板也给了他反馈,说他与首席执行官会面时由于紧张而身体僵硬。多亏了之前的作业,他能够意识到自己的感受,并努力让别人觉得他是很专业的,而且在每件事情上都处于领先地位。

你要注意的另一个方面是你头脑中的批评声音,这种批评的声音告诉你"你不够好"或"你以为你是谁"。这种声音通常被称为"破坏者",因为它会破坏你的努力,它会阻碍你,让你过度自我怀疑。它来自你的过去,来自你在家庭里的状态,来自你以前的上学经历或工作经历。

如果你想探究它的起源,治疗可以帮到你。有时候,这种破坏性的声音是有益的,它能保护你免于失败,让你看起来不那么愚蠢,防止你冒险或者犯错误。它还会试图保护你的安全。这属于一种防御机制。但问题是当你开始尝试新事物,想走出你的舒适区时,你心里的这个"破坏者"可能没有意识到你是在有意识地尝试新事物。因此,这个批评声音与你的成长愿望起了冲突。它想让你安全,让你不要表现得那么显眼,让你待在自己的舒适区,保持现状。有时我会听到有个声音在问我:"你以为你是谁?"。这时我会提醒自己,批评声音标志着我在奋力突破自我,这样想可以让我不受"破坏者"的影响。表1-2是一些"破坏者"语言以及对应的积极替换语。

表1-2 "破坏者"语言及其积极替换语

"破坏者"语言	积极替换语
我不够好	我在倾尽全力,而且一直在学新的东西
我做不了	虽然目前我做不了,但我可以学
我很愚蠢	目前我取得的成就证明我挺聪明
我害怕	害怕意味着我在拓展自己的边界,这是好事
我没时间	我可以自己选择如何使用自己的时间
我搞砸了	我可以从错误中学习,完美不是最终目的

我的客户已经能够辨别那些有强烈的自我毁灭倾向的破坏者语言了。一位女经理用"破坏者"的口吻说:"女性不可能成为好领导。"这样说对她在公司谋求晋升毫无帮助。另一位男性领导也发出了批评的声音,称"想当高管的人都是自以为是、自大的人"。同样,这也并没有什么帮助,尤其是当他

所在的公司正在投资培训,打算把他培养成下一次晋升人选的时候。提升自我意识的建议:

- 当你正在做某件事时(比如主持会议、管教孩子、做饭),观察自己——注意自己的想法、行为和反应。注意你脑海中对自己的评价。你主要用到的评价性语言是什么?

- 注意你做出的假设,包括你所做的关于人、情境、互动、期望的假设。有句话虽然是陈词滥调了,但说的往往是真的,那就是"假设让人变得愚蠢"。

- 倾听内心的声音。你如何与自己交谈?什么样的声音会鼓励你(或者让你气馁,削弱你的信心)?

- 活在"当下",这样你才能做到观察,而不是反复思考过去或者预测未来。

- 注意引发你情绪的诱因。比如,别人的粗鲁会让我生气,因为我非常看重人与人之间的尊重和礼貌。进医院会让我感觉恐惧,因为我一想到医院就会联想到入院后一直未出院的病人。

- 安静地坐着,从头到脚仔细观察你的身体。注意所有的感觉,不要评判它们。花点儿时间,注意每种感觉,与这些感觉共处。在这样做的过程中,你的感觉往往会随着你注意力的转移而改变。

- 哪个在先？思想还是感受？或者身体的感觉？我想可能是身体的感觉吧（图1-2），我不确定这是否重要。但确定的是，当你要全身心地投入到某件事时，你要提醒自己关注自我意识。

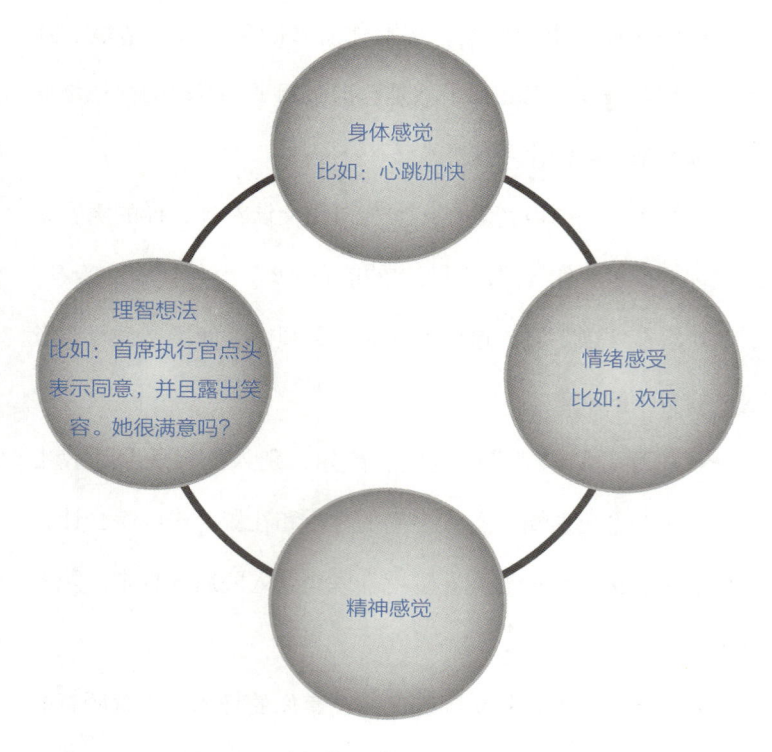

身体感觉
比如：心跳加快

理智想法
比如：首席执行官点头表示同意，并且露出笑容。她很满意吗？

情绪感受
比如：欢乐

精神感觉

图1-2　对身体、情绪和理智的自我意识

用心打造口碑和形象——既包括个人形象也包括企业形象

当我问领导者,他们希望自己的企业在行业内有什么样的口碑时,他们经常列举出的是:专业、成功、优质、积极。我要问的下一类问题更深入一些:你怎样才能让你的企业,在专业性方面从竞争中脱颖而出呢?领导者给出的具有代表性的答案包括:对客户有回应、工作组织有序、服务细心到位。这些答案开始涉及软技能领域了,即人在组织中应该如何表现。

然后我问他们,作为领导者,他们希望别人对他们有什么样的评价,他们希望自己在企业以及行业中拥有什么样的声誉?他们给的答案包括:聪明、平易近人、乐于助人、知识渊博、擅于倾听。同样,我问他们如何与他人互动,这也涉及了软技能领域。我问到的问题包括:

- ▶ 你想给别人留下什么样的第一印象?
- ▶ 你想给别人留下什么样的深刻印象?
- ▶ 你想让别人如何评价你?
- ▶ 你希望别人如何评价你的企业?
- ▶ 你想在自己所在的行业里拥有什么样的声誉?
- ▶ 你个人拥有什么样的声誉?你希望自己在企业里拥有什

么样的声誉？

自我管理并不意味着把自己变成另外一个人，而是意味着更有技巧地做自己，这是罗布·戈菲（Rob Goffee）和加雷斯·琼斯（Gareth Jones）在他们的著作《为什么别人应该被你领导？》（*Why Should Anyone Be Led By You?*）中所说的。你在哪些地方做得好，在哪些地方做得不好，你加强哪方面的能力、品质或才华能让你的工作更有成效？这关乎提高你的工作成效来实现你对自己以及对企业的愿景。这就是为什么第一步是自我意识，因为你首先要知道你自己是谁。

➤ 锻炼更有技巧的自我管理

通过自我管理你可以给别人留下你想要留下的印象，对别人产生你想要产生的影响。自我管理是能够做出正确的回应，而不仅是简单的本能反应。顾名思义，自我管理就是管理你自己，当一定的刺激对你内心产生影响后，你会在什么场合，什么时间做出什么样的举动，对这个过程进行管理，就是自我管理。自我管理发生在你的身体感觉、情绪或者头脑中的想法（这些可能是由外界刺激引起的）产生之后以及你表现出相应行为或举动之前。我们是自己行为的责任人；我们应该对我们的反应及行为负责。我们可以对自己的情绪、感觉和想法进行反思，并决定如何回应。

尽管积极情绪也会涉及自我管理，但通常来说自我管理的重要性往往在消极的想法、情绪以及冲动行为产生的时候才凸显出来。当某个东西激发了我们的情绪，导致我们已经无法判断事实，只能本能地做出反应，那这时候就需要自我管理了。例如，我的私人助理在我的电子日历上备注的会议日期是错误的，有一次甚至给我重复预约了。这样的事情发生过好几次。我们每周都会进行电话例会，在通话中我们一讨论，结果发现我的笔记本电脑和手机同步出现了问题，因此她看不到我在手机上输入的日期。我已经派技术人员去处理了。当我再次看到我的日程表上有不合理的地方时，我断定她又出错了。是的，哪怕我们之前解释过，但我承认我总是按最坏的情况做假设。我的第一反应是对她感到失望，但我立马改变了想法，提醒自己是技术问题导致的。当我再次询问时，技术问题的确仍然没有完全解决。

自我管理的一个重要组成部分就是管理自己的压力。当人处于压力之下的时候，更有可能以不利于事情发展的方式或无意识的方式做出回应。你可能已经了解了一些管理压力的方法了：

- 拥有健康的生活方式（饮食、睡眠、锻炼、放松）。
- 在工作之外有一个让你感到愉悦和满足的爱好。
- 在工作间隙能抽出时间休息。
- 与亲近的人交流，包括谈论你的感受。
- 进行反思练习（写日记，进行冥想练习、正念练习，践行精神激励，抽出片刻对自己说"冷静"）。
- 践行有效的时间管理。
- 清楚自己的优先事项以及局限（对自己办不到的事情说不）。
- 获得乐趣。
- 尽可能多地保持积极的精神状态，当你注意到自己的精神状态不佳时，请把自己的想法转换成更积极的想法。

压力管理的关键在于尽可能多地去实践这些方法，而不只是了解。如何进行自我管理：

- 深呼吸——活在当下，与自己头脑中浮现出来的以及身体上、心理上出现的一切共处。练习腹式呼吸，把手放在腹部，吸气感受腹部隆起，呼气感受腹部凹陷，注意腹部随着每一次呼吸的起伏。实际上，你并不是在用腹部呼吸，而是在用肺呼吸。很多时候，尤其是有压力的时候，我们只向肺的顶部吸气。这种深呼吸可以通过激活副交感神经系统引起放松反应。就像我们常说的那样："当你生气时，先数到十再做回应。"这就像给自己按下了"暂停键"一样。

- 观察随着时间推移自己身上反复出现的模式或反应。可以回想以前的事情，也可以从现在开始观察，或者既回想以前又观察现在。

- 说出你的想法和情绪。对情绪和想法进行标记，比如"哦，我感到很沮丧""我很生气""我很高兴""我想让她不要再哭了"或者"我又对行动慢或反应慢的人不耐烦了"。陈述你的想法和感受，使其仅停留在想法阶段，我们可以观察这些想法和感受，然后与它们共处，而不要让这些想法和感受变成需要我们去解决或采取行动的事实。通过陈述，让这些感受和想法变得有形，它们就成了清晰的片段，而不是阴魂不散地影响你。通常，如果你把某种想法或情绪讲出来，它也就失去了对你的控制力。

- 确定哪些适合你，哪些不适合你。检查你身上最频繁出现的本能反应和模式是什么，看它们是否产生了你想要的结果。回想一下你在什么场合表现出这些反应。这些反应的结果如何？对其他人有什么影响？你当时以及之后的感觉如何？你是否遵从了自己的价值观？你是否获得了你想要的声誉？这些问题的答案会帮你确定这些反应是否对你有用。

- 对于那些对你有帮助的人（让你得到想要的结果，让你对自己有良好的感觉，而且在此过程中也让别人感觉良好），你要继续你与他们相处的方式，并庆祝你在与别人的交往中成功地做了自己。培养自豪感（而不是傲慢或自夸）。练习和自己正面积极的品质以及成就共处——这样做也能让你与他人的良好品质共处，也能给他人做榜样，教他人如何与他们自己的积极品质共处。

- 对于那些对你没有帮助的人——因为他们的价值观与你的不一致，不能带动你实现目标，不能帮你的企业达到目标，也不能给他人带来好的体验，你可以用头脑风暴法想出一些能产生更好的感觉和更好结果的事情。直接问自己：现在的状况是什么造成的？我还可以从什么角度看待这些人？对于这样的情况，我能做什么？这些人会怎样看待这样的事情呢？如果有第三个旁观的人，他会怎么看呢？你想出来的每件事情会引起哪些不一样的反应或行为？

莉迪娅（Lydia）的案例研究——自我管理

有个客户，我们就叫她莉迪娅吧，她发现自己很沮丧，她对她的一个员工很失望。她意识到她对这个员工感到不耐烦（她这是在标记自己的想法和感觉）。当她思考原因的时候，她发现是因为这个员工总是问她"要做什么"。讲座间隙，我问了一些问题，让莉迪娅思考可能会发生的事情："是什么导致这个员工这样的？"她最初断定的"原因"是：因为这个人很懒，他不愿意独立思考。我问她："还有其他原因吗？"她生气地说："也许是他不适合这份工作，也许是他担心犯错误，也许因为他压力太大，加班过多。""在这件事情中，你扮演了什么样的角色呢？"我又问道。她承认这个问题是最难的，回答这个问题还是花了她一些时间的。莉迪娅说："也可能是他不知道别人期待他做什么，因为我有我想要的做事方式，他担心我对他的决定不满意，所以很多时候他都是让我告诉他该做什么。"在接下来的一次治疗中，因为莉迪亚有了这些反思，问题就变得简单多了，"哪种可能性最符合你们的情况呢？另外，如果换个角度看的话，你想尝试什么不一样的做法？"她为自己把所有的错都归咎在员工身

> 上而感到羞愧。因为就算员工的那种表现不是她造成的,她可能也有一定的责任。而现在,她最开始的那种失望和羞愧感没有了,取而代之的是想要尝试不同的方法,并且强烈地期待更好的结果。

- 下次当你再陷入熟悉的模式时,你就可以尝试不同的做法。如果你知道你见到某个人时的表现不够理想,那你可以提前准备。在与那个人见面之前,想象一个见到他的时候的理想表现方式。你要对自己的成长和改变负责。

- 事后反思一下你改变之后的这个行为,哪些地方有效,哪些地方还没达到效果。

- 反复练习。行为管理需要反复练习。

自我管理需要练习,就像你需要时间去学习如何骑自行车或学习如何开车一样,学习自我管理也需要时间。一开始你会感觉到尴尬或者不舒服。当你专注于正在做的事情的时候,比如与他人互动,或者留意你头脑中的想法,包括提醒自己关注自己的身体反应时,你可能会感到分身乏术。之所以会产生不适感,是因为你开始注意自己对事情的回应方式,如果你的本能反应不起作用或对事情没有任何帮助,你要尝试尽快找到更有效的回应方式而不是做出本能反应。在与人互动时，你可能会觉得自己在跌跌撞撞前行，就好像是被自己绊倒了，无法平稳地、毫不费力地与人互动。是会有这种感觉的，因为这就是正在发生的事情；你做出本能反应后，立马意识到自己的反应是否正确，然后试着改变，尝试以更好的方式去回应，然后思考这样回应是不是更好，就这么不断重复练习！对自己宽容点吧！你正在从本能反应转向有意识回应。

托马斯案例研究后续——自我管理

托马斯意识到自己缺乏自信、自我防备意识重而且显得僵硬不灵活（既有他自己的反映也有老板的直接反馈），于是我们就开始从这几个方面努力：

1. 他想要什么样的感觉。

2. 他希望别人以什么样的方式看待他。对他来说，第一步是确定他想要什么。他想要感觉自己在高管席上是平等的，和其他高管在业务中就像是合作伙伴一样。他想让自己感觉轻松、舒适，享受与同事和首席执行官在一起的时刻。我们探索了在他的生活中（既包括个人生活也包括职业生活）让他感到放松、自信、舒适的时刻，以及让他感到最喜欢自己的时刻。我们让他重新找到了这些感觉,所以他知道了当他感到自信和放松的时候,自己的身体会有什么感觉。他将这样的感觉命名为"汤姆"(在工作中大家称他托马斯),并使用"橄榄球"这个词作为标签来描述他极度想成为团队一员的感觉,而且他还使用电灯开关这样的视觉提醒帮他暂停或者放松。

根据这些描述,我们精心设计了一套行为组合来提醒他,在会议期间他想表现为什么样的人,他想有什么样的感觉,他想以什么样的方式出现。他带进会场的马克杯上有一张自己打橄榄球时的照片,他做笔记的纸上贴着一张小贴纸,贴纸上画着一个电灯开关,他的笔记本正面写着"汤姆"的字样。这些精心安排可以在他参加会议期间"失去意识"的时候提醒他记住自己想要练习的内容。

正如托马斯的案例所示,另一种应对不适感的方法是用视觉提醒或精心设计的行为组合来为你正在尝试的新行为和心态提供支持。这个方法与神经语言编程锚定有相似之处——将内部感觉与外部刺激联系起来。这种刺激会触发你内心的感觉,并且在需要的时候就可以接触到这些刺激。有用的设计应该是：

- 你很容易注意到的东西，这样当你有压力或忙的时候，你就不用费力去寻找提醒。
- 对你来说是显而易见的，但对别人来说却看不明白是怎么回事。
- 能够唤起与改变相关的行为或者能够唤起积极感觉的事情。
- 可以改变的，当它变得跟壁纸一样，不能再提醒你你的目标时，可以换另一种。
- 有趣、轻松、好玩的。
- 在工作场合中都很常见的，如便利贴、写在纸上的字、照片、孩子画的画、马克杯或钢笔、戒指或手镯（当你说话的时候可以看到），或任何其他的东西。

与不适感共处的另一种方式是活在当下，活在此时此刻。人生有三个时间框架：过去、现在和未来。只要在适当的时候，一切都是有价值的。过去是有价值的，因为我们可以从中反思学习，助力成长（过去有疗愈作用，这是我从一个已经完成的项目中吸取的教训）。未来是有价值的，因为它可以指引我们展望憧憬（工作或生活）。现在是有价值的，因为我们还有余下的生命。当你感到不舒服时，通常是因为你联想到了过去不舒服的感觉，或者担心将来会受影响。如果你只是和自己的感觉共处，既不拿过去做比较也不拿未来做假设的话，当下的不适感其实并没有那么强烈。活在当下的方法（其中有两种我已经提到过了）包括：

- 练习腹式呼吸。
- 感受身体的感觉，比如感觉你的脚稳稳地踩在地板上。
- 多使用"现在"这个词。
- 慢下来——放慢你的呼吸，你的思想，你的语速，你的动作。
- 专注于你面前的事情，手头的任务，或者对面的人（避免同时处理多项任务，专注于当下）。

进入完全有意识地做选择的阶段

这是自我管理的延伸，这非常重要，我想把它讲清楚。

有意识地选择就是做选择时是清醒的、有意识的。

这包括，你选择什么样的反应，你选择做什么样的决定，你选择采取什么样的行动，并充分意识到这是你自己做的选择。很多人，包括我自己，做事情时往往是出于习惯或者无意识。上周，我和两个朋友出去吃饭，买葡萄酒时，其中一个朋友建议每人买一瓶而不是两杯，因为如果我们当中任何一个人要喝第三杯，那么三杯的价格将超过一瓶。另一个朋友回答说："当然可以。"直到第二天，她发现只喝了半瓶酒，她才意识到自己当时只顾听从对方的建议，而没有坚持自己的想法。她说如果当时她停下来想一想，她就会意识到自己只需要一杯，她会坚持自己的决定，而不是那么轻易就动摇。有意识地选择并不是限制自己；如果她当时是有意识地选择买一瓶酒来分享，那也是一个不错的决定。在这个例子中，我们想强调的是意识，而不是酒的多少。

选择＝可能性而不是限制

有意识地选择就是意识到你面前的所有选择。这里说的所有并不是说数量，而是说在任何特定情况下的全部可能性。这一点在你与另一个人就某个问题的最佳解决方案进行辩论的时候最为明显，你们每个人都有自己的想法。你认为方案A是最好的，另一个人则认为方案B是最好的。你是否会就这两种解决方案进行谈判，并拿出所有的理论和理由来证明为什么你的方案是最好的？对方也会像你一样来证明自己的想法吗？除了这两个解决方案还有其他的可能性吗？也许第三种解决方案才是最好的呢？而且可能可供选择的方案远远不止三种呢？

我参加了一个才艺表演三人组，我们的任务是在一群亲密的同事面前进行一场才艺表演，节目、道具或者可以描绘的东西都没有限制。我们三人组中的另一个女人想通过她在雪山上时身上裹着的一层层衣服来展现她的斯堪的纳维亚血统。而我们三人组的那个男人则说他想要我们的小品以裸体表演结束。这两个人真是两极对立啊！我没有意见，因为我不表演，我讨厌才艺表演，讨厌浮夸。在一开始的头脑风暴之后，我们陷入了僵局，不知道该怎么办，不知道在裹着层层衣服和裸体之间如何调和，我们暂时搁置了表演计划。下午讨论结束时，我灵机一动，这两个提议是可以共存的，而且立意可以很深刻（这正是我想要的）！我们做了一个关于我们个人发展历程的短剧：开头我们裹得严严实实的，身处危险的山峰和黑暗的山谷中与世隔绝，结束时我们穿的是内衣，外面一层层的衣服被剥开，露出了内衣，寓意我们的脆弱展现在所有人面前。我们最终的小品是由两个观点截然相反的人共同创作的，我们在清楚了所有选项的前提下做的决定，我们三个人愿意在我们同事面前近乎全裸来表演，这是我们的承诺。

托马斯案例后续——有意识地选择

视觉上的提醒时刻提醒着托马斯想要什么样的感觉以及想成为什么样的人,所以当会议中托马斯的信心减弱的时候,他能提醒自己唤起信心。他甚至冒险在演讲中加入幽默和个性的表达,因为这是"汤姆"会做的。

他注意到,如果有同事给他发电子邮件质疑他的某个决定,他会变得戒心重重。他感到自己被贬低了,他会感到沮丧又愤怒。他写了一半的邮件回复,又删除了,最后决定与同事面对面讨论一下,这样他就有机会"练习"提问了。首先,他要搞清楚他同事起初为什么要给他发这封邮件,这样他就能够了解同事的情况,而不会在受到质疑的问题得到实际解决之前做出不正确的假设。

另外,在几次会议之后,他向老板寻求反馈,想知道其他人对他的印象。他觉得"与首席执行官的这次会面是有史以来最好的一次。他感觉很轻松,很有活力"。他的个性很明显,而且他更享受这次晋升。

有意识地选择不仅是做出决定然后坚持下去,还是你意识到你有权利做出每一个选择。做选择既是一种自由也是一种责任。处在极端状况下的你，在每个时刻都是有选择的，你可以选择你面对每种情况时做什么或者说什么，而且你要为自己所做的选择负责并坚持到底。

如何做选择

你做选择的方式也暴露了你自己的一些情况。你做选择时是迅速地还是缓慢而谨慎地？你会仔细考虑各种选择吗？会做大量复杂的分析吗？不管最终做了哪种选择，你都会花同样多的时间和精力去对待吗，比如孩子取什么名字或者在咖啡店点什么？

选择就是分清轻重缓急。我们不能总是做我们想做的事。想想什么是你的优先事项，这既包括职业生涯也包括个人生活方面，因为职业生涯也是生活的一部分（表1-3）。在这两个不同的领域你的优先事项分别是什么？一定量的优先事项能够激励我们，但是如果太多了的话可能会让人倦怠，这之间存在一个平衡，但说起来容易，做起来难。你的价值观，你的直觉，你身体的感觉，你追求的感受以及你想打造的声誉，这些都是你做选择时考虑的因素。

表1-3 个人生活方面以及职业生涯可能的优先事项

分类	职业生涯	个人生活方面
可能的优先事项	公司目标	家人
	重点项目	健康
	培养员工	经济状况
	事业进步	精神追求／休闲放松
	社会责任	家庭责任
	财务	朋友

只要做选择，就要面临说YES或NO。虽然这是非常简单的两个词，但当谈到有意识地选择和承诺时，这两个词却是意味深刻的。每当你对一件事说"YES"的时候，就是在对另一件事说"NO"（图1-3）。比如，当你答应加班到很晚的时候，你就是在拒绝与家人共进晚餐。插个题外话，我的有些客户觉得很难对别人的请求或新的任务说"NO"。我问他们："你对新的任务说'YES'，意味着对什么说'NO'？"这些客户是需要对某些事情说"NO"的，因为他们没有数小时的空闲时间来消磨。他们都有家庭，有自己的业余爱好，都是忙碌而成功的人。通常，他们会对自己制订的计划的截止日期说"NO"、会对家庭、健康以及领导力培养说"NO"。所以，与其只想着说"NO"，让眼前的人失望，不如对你意识到的优先事务说

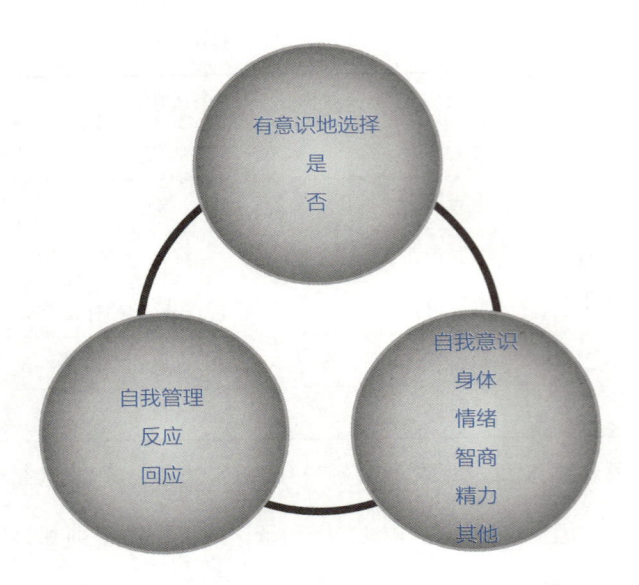

```
        有意识地选择
            是
            否

自我管理              自我意识
 反应                身体
 回应                情绪
                    智商
                    精力
                    其他
```

图1-3 自我意识、自我管理和有意识地选择循环图

"YES"。如果你只愿意或只能够对某事说"我想我会的",那就说"不",除非你能说"完全可以!"你说"YES"或"NO"的热情与大胆,应该能体现出你对于自己的承诺有多么全心全意或者有多么不情愿。

下面这个挑战很难,因为它是这本书"内部"这一部分的结尾,所以尽管这不是你最后一次自我反思,但我还是想鼓励你在把注意力转向"外部"之前,尽可能多地写日记。

本节挑战

继续以尽可能多的方式保持自我意识。

▶ 在面临选择的时候,你会第一个上前,还是选择退后?比如,在一个小组中,每个成员身份平等,这时有人问:"谁想第一个来?"你是会自愿上前还是会退缩?

▶ 当你生气或沮丧的时候你会做什么?

▶ 你是不是没有经过深思熟虑就开口说话了?

▶ 如果被批评了,你的反应是什么?当你意识到自己犯了一个错误,你又会做何反应?

▶ 是什么情况或什么人让你失去了判断力?

▶ 在自我管理方面,压力会对你产生什么影响?

▶ 在什么情况下你会先思考再做回应?在什么情况下你只是本能地反应?

▶ 你脑海里的声音在说什么?这些声音的关键信息是什么,支撑性信息又是什么?

▶ 以什么样的方式进行自我管理能更好地服务于你的需求?克制自己,少说多听,少发脾气,坐着不动,还是放开自己?比如找人倾诉,允许自己表现得脆弱,提出问题,在别人可以接受的范围内表现自己的情绪，表现出表达欲？

▶ 你本人以及你的公司想获得什么样的声誉？

从这本书"内部"这一部分你已经了解了有关自己的一切，你做了哪些有意识的选择？

▶ 利用你的优势？

▶ 换种方式与人互动？

▶ 走出舒适区？

▶ 对于无效或者无益的回应做出调整？

▶ 玩得开心并享受你的旅程？

▶ 哪些习惯是你有意识地选择继续坚持的，而不是盲目地继续？

▶ 你想打造或强化什么样的声誉，并利用它为你服务？

▶ 你想做出并遵守什么样的承诺？

▶ 在不同的情况下，你的身体会有什么感觉？

▶ 你会对什么说"YES"？

用简单的、容易理解的语言在日记中写下你的选择。把列出来的事情按照优先级排序。今天只关注优先级排序中的前三件事。清单上的其他事你可以稍后再来讨论。

选择1：

选择2：

选择3：

先站起来（如果你担心被别人看到，你可以关上办公室的门或去会议室），在你面前的地上放置一条"线"（可以是一根胶带、一根绳子、地毯上的一条凸起的线或者瓷砖的边缘，实在不行也可以是一支笔）。然后站在这条"线"的一边，说"我有意识地选择（某件事/某个行动/某种意图）"，然后跨过这条线。跨过这条线代表着你做出了承诺。如果你还没准备好全身心投入，那就不要跨过去。这是我对我的高管客户做的一个效果显著的选择练习，在我（或其他人）的见证下，这个练习甚至会激发更多的投入和奉献。

你已经有意识地做了选择——那这周你会采取哪两个行动来推动这三个选择中的任何一个呢？没有实际行动的选择真的只是希望和梦想而已。

选择1、2、3：

行动1 -

行动2 -

反思下面的练习和话题：

▶ 关于你自己和自我管理，你学到了什么？

► 在选择和承诺的过程中，你对自己有了什么了解？

► 你还需要学习什么？

► 自我管理对你的行为有什么影响？

► 就你对自己的承诺而言，你在第一天和第五天的行动中有什么不同？

第 2 部分

外 部

我们先暂停自我反思，将焦点从自身（内部）转移到外部。对一些人来说，不关注自己是一种解脱，因为对他们来说关注自己会导致沉溺、自私或者没什么成效。而对另一些人来说，花时间自我反思则会让他们感觉良好，因为他们喜欢这种感觉或因为这对他们来说是新鲜的东西。对于前者，我们很抱歉地说，我们还会回到关注自己的。对于后者，不用担心，我们很快将会回到关注自己，就在本书第3部分。

本章名为"外部"这是要求你把注意力放到别人身上，所以这章不是关于你自己的。对你们当中的一些人来说，这是非常自然的，因为本来你们的大部分时间也花费在了这些地方，花费在某个人、某个群体或某个团队身上。而对于另一些人来说，这可能是一个陌生的领域，因为对他们来说，别人只是他达到目的的一种手段，是传递所需的工具。这种外部视角的转换是为了让你把注意力放到别人身上，服务他人以及满足他人的需求。注意我现在让你把注意力放在什么地方——放在除你自己以外的人身上，为他人的利益考虑。在专注于他人或为他人服务的纯粹状态下，暂时搁置你自己的目标或安排。其中有个隐含信念，就是放下你自己的安排，帮助他人——如果你关心别人的需求和愿望，你最终也会实现你自己的愿望，只是可能实现方式与你原本以为的不一样而已。

第2部分将介绍反馈的三个原则、训练以及讲故事。这是三种与他人互动的工具或方式，可以帮助人们提高成功率。

反馈部分既包含正面反馈也包括负面反馈（或建设性反馈）；没错，反馈也可以是正面的！反馈部分详细列出了提供反馈的好处，以及人们为什么不喜欢反馈，并举例证明了给予什么样的反馈以及关于如何给予反馈的模型。这一部分列举了真实的建议和想法，而且有大量的例子来帮你形成自己的反馈。

训练部分会区分在与员工（或其他任何人）互动时，什么是反馈，什么是告知。这一部分会强调每种沟通模式的好处，以及掌握沟通的技巧，还会提供模型以讲解该做什么以及如何做。

讲故事的部分涵盖了讲故事的方法和好处，并再次展示该做什么以及如何做。

这一部分有非常实用的模型、提示、技巧和例子。目的是引导你获得系统的、分析性的方法。这部分有很多东西可以尝试，可以做，可以练习，所以你已经可以想象到每个原则结束时的挑战了！

| 职场软技能 |

原则3　给予他人积极的反馈

给予反馈是开始"外部"这一部分最理想的地方。给予反馈就要求你把注意力放到另一个人身上——可以是团队成员、员工、同事甚至老板；注意他的个人行为、品质或处事风格。然后将这些具体的观察结果传达给那个人，以促进他的成长。

当我向参加我的领导力培训课程的人以及我的高管客户提出反馈时，他们通常会表现出明显的畏缩和不适，通常他们的回答是"我不擅长那种有难度的对话"。让人惊讶的是反馈竟然与不适和困难联系在了一起。反馈几乎总被认为是负面的，是一场"大型"对话，告诉别人做错了什么。

顺便说一下，在学到原则3后，你应该保持开放的心态，并愿意致力于学习新的原则——请继续读这本书，一直读到原则10。你刚刚读到的那句话实际上是反馈！它不是负面的或建设性的，它也不难，它也没有指出你做错了什么。就只是一个观察，以一种巧妙的方式发挥作用。它对你有什么影响？

| 第2部分 外 部 |

在这一节中,你将了解到阻止你同时给予负面和正面反馈的原因。就像这本书中的许多实践一样,成功的秘诀是大量的实践,所以我鼓励你将反馈常态化,这样它就会成为你的管理方式,而不是一个需要忍受的难题。这一节还会用一个靶心示意图分享一个重要概念,即该在什么地方给予或接受反馈。这让你能够在反馈至关重要的时候驻足思考。最后用一个反馈模型为你提供了一个给出正面和负面反馈的结构。在使用模型的过程中技巧就被你掌握了,所以我们会用一系列技巧和示例来说明。

给予反馈

让我们从妨碍大多数高管或老板给予别人反馈的原因开始。

人们不愿意给予负面或建设性反馈的主要原因

- 负面反馈会让对方失去动力,而我需要他充满动力。
- 我不想伤害对方的感情。
- 我不知道怎么给出负面反馈,所以我不反馈。我怕万一做错了。
- 我希望别人喜欢我。
- 我没时间给出反馈。
- 他们应该早就知道了。

- 我有太多其他的事情要做。

- 我是想给反馈的,只是没抽出时间。

- 我自己搞清楚了,他们也得自己搞清楚。

- 我不知道他们为什么不明白,我说什么能让情况有所改变呢?

人们不愿意给出正面反馈的主要原因

- 正面反馈意味着我得给他们加薪,但是预算里没有钱了。

- 正面反馈意味着我得提拔他们,但是没有名额了。

- 他们本来就应该做好,这是他们的工作,因为他们拿了报酬。

- 他们会被正面反馈冲昏头脑的,我们可不想也没必要花多余时间给予他们正面反馈。

- 从来没有人给过我正面反馈。

- 我是英国人,我们不这么做。

- 他们知道自己做得很好。

- 我不知道该怎么给予他们正面反馈。

- 如果我做错了呢?

- 我说"干得好"和"谢谢"了,这还不够吗?

给予反馈的好处

给予反馈的好处是非常明显的，无论是正面反馈，还是负面反馈或建设性反馈，其好处都是一样的。

- 你的团队会感觉受到被重视，因为总体而言，你给出的正面反馈明显多于负面或建设性反馈（研究表明，在财务上很成功的公司对每一条负面反馈都会给5～6次相应的正面反馈）。员工会觉得你关心他们的表现，也因此关心他们本人，因为你愿意花时间与他们进行具体的沟通。
- 和你共事的人会明白你的期望是什么，也会明白成功应该是什么样的，因为你通过给出正面反馈并举例说明，来强化了这些信息，当你指出该改进的地方时，他们也明白了什么样的才是更好的。
- 你把你的同事当作独立的个体来看待并倾听，他们也会因此而尊重你。
- 你在组织中创造了一种反馈文化，从而鼓励每个人为更好的绩效做出自己的努力。
- 同事因此学会了改善无效的做法，或者感觉你强化了他们现有的积极做法，对他们的业务产生了积极影响。
- 公司业绩得到改善。

- （在你的团队、潜在的同事和上级眼里）你是一个善于观察、积极参与、善于与人相处的人。
- 当有担忧（或要求）时，开诚布公地表达出来，可以防止怨恨和沮丧的情绪被压抑，如果不说出来，这些情绪可能导致疾病、激烈的争论甚至还可能破坏关系。

在什么地方给予（接收）反馈

给予（和接收）有效反馈的关键之一是将反馈指向对方可以改变或改进的地方（如果是正面反馈，可以继续保持）。有些人可以改变自己的行为和技能，但是要改变他们的性格或身份的某一方面却要难得多，并且人在听到对自己个性或性格的负面反馈时通常是痛苦的。

"逻辑层次"是神经语言编程的一种工具或模型，由教练、顾问兼培训师罗伯特·迪尔茨（Robert Dilts）和托德·爱泼斯坦（Todd Epstein）开发，是用来评估在什么地方给予反馈或接收反馈的，结构如图2-1所示。

给予反馈的位置主要在靶心的外侧而不是中心。在行为或能力层面给予（和接收）反馈，因为这些都是一个人可以控制的领域。在环境层面上给出反馈也可以，尽管人对环境变化方面的影响是有限的。不要在别人的身份、信仰或价值观层面给

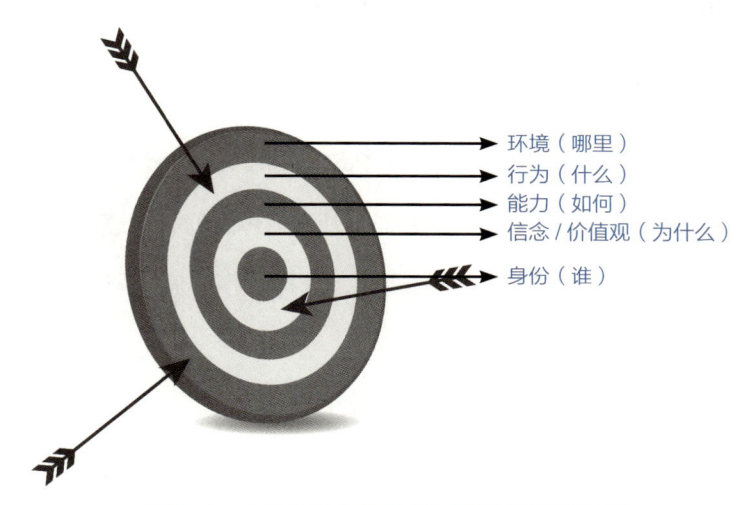

环境（哪里）
行为（什么）
能力（如何）
信念/价值观（为什么）
身份（谁）

图2-1 在什么地方给予或接收反馈的结构图

予反馈，因为这些层面对一个人来说是根本性的，而且也是别人没准备改变的。同样的方法也适用于接收反馈。如果有人给你反馈，从他们的行为或能力层面出发接收明确的反馈，而不要从他们的身份层面出发接收反馈——作为一个个体，你是有价值的，不管别人的评论如何。下面的情境说明了从一个人的外部环境到他作为一个独立个体的核心或中心位置的不同层次。

情境：想象一下，一位经理正在向董事会做关于新倡议的报告。投影仪的灯泡出了一点故障，所以他们无法使用投影仪来展示幻灯片。尽管如此，委员会仍然批准报告继续进行。

我将使用两种反馈方式来说明每一个层面的反馈:"当你……然后……"。

环境层面,这里指的是物理环境,即人们工作的地方。

反馈例子:"当你演示的幻灯片投影停止时,你还准备了一些关键幻灯片的讲义可以分享,这样董事会就可以继续进行了。"

或者

报告如果在实验室进行,那么无法播放准备的讲义,董事会就无法继续了。

行为层面,指的是一个人正在做的具体行为或正在说的话,属于图2-1中的"什么"。

反馈例子:"当主任对你的理由进行质疑的时候,你保持冷静,专心地倾听,而且你还能够以简洁且令人信服的方式回答他的问题从而说服他。"因此你赢得了房间里其他人的尊重。

或者

"你直接打断他人的质疑,问题不能解决,还降低你自身可信度。"

能力层面，指某人完成一项任务或技能的能力水平；它是图2-1中的"如何"。通常这里的水平与他们经过培训后表现出来的能力有关，或者与培训需求有关。

反馈例子："当你在支持自己的提议时，既展示了感性的论据也展示了理性的论据，我看到你利用了你学过的课程中有影响力的因素。"

或者

"我推荐你参加一个演讲技巧课程，学习并练习如何在没有幻灯片的情况下做演讲。"

信念/价值观层面，这是一个人的价值观或信念，关乎他为什么会有某种行为或某种感觉。最好避免在信念层面提出反馈。偶尔在信念层面上给予反馈也是可以的，如果这个信念是限制性的，是不利于这个人的（比如，他认为自己不擅长做幻灯片展示，而实际上他们是擅长的）。还记得在原则2中你确定了自己的"破坏者"声音及你脑海中的一些批评声音吗？这对其他人来说也是一样的，所以如果你注意到一个限制你的观点或批评你的声音，你可以询问，但是不要否定他人健康的价值观或信念。

反馈例子:"当你在质疑计划实施的争论中,你应该让步。"

或者

"你表现得很有原则,没有默许改变启动时间的要求。"

身份层面,指的是一个人所处的身份,他是谁。最好不要在这个层面上给予反馈;这个层面关乎一个人作为人的尊严。特别是给予负面反馈的情况,可能会摧毁一个人的自信和自我感觉。对于这种类型的反馈,收到反馈的人真的是什么也做不了。

反馈例子:"你是个白痴。"

或者

"你很聪明。"(虽然这样的反馈可能让人感觉很好,但是这样的反馈缺乏具体的细节,对收到反馈的人来说也没有什么帮助,他们也不知道以后要想再达到这样积极的结果可以重复什么样的行为。)

➤ 使用反馈模型

反馈什么

很多人推荐了一个简单的四步模型,我也会照着做。这个模型被称为COIN反馈模型(表2-1、表2-2),既可以用于给出正面反馈,也可以用于给出负面或建设性反馈。这很简单,所以请不要将它复杂化,这是一个很好的例子,少说话更有效。

C代表上下文或环境,即情况发生的时间和地点。

O代表被观察到的东西,人表现出来的动作或行为。

I代表它对你、对团队、对个人或企业的影响。

N代表下一步,是你期望或者鼓励反馈接收者在收到反馈后下一步要采取的行动。

表2-1　COIN反馈模型

COIN	描述	交流模型
C	是什么样的情况或环境促使人给出了这种反馈?当时在哪里?什么时候发生的?	在今天上午的会议上…… 昨天在办公室…… 在电话里…… 周一……
O	你观察到了什么?在特定的时刻你看到或听了什么具体的行动或者行为?对方做了什么或说了什么,让你想就此给他反馈?	当你做了…… 当你说…… 当你没有说/做…… 我观察到的是…… 我看到的是…… 我注意到……

续表

COIN	描述	交流模型
I	那个行动或行为对你有什么潜在的影响？对其他人呢？或者在会议室里产生了什么影响？这里的影响可以是有形的，比如有人从会议中走了，也可以是无形的，比如一种感觉	其影响是…… 结果是…… 它让我/其他人感到…… 它引起了…… 我觉得…… 团队感到……
N	你希望收到反馈的人下一步怎么做？你希望他们未来采取什么行动或行为？	我建议你下次…… 我希望你做的是…… 我的建议是…… 将来你可以试试…… 我的首选是…… 我鼓励你……

表2-2　行动中的COIN反馈模型

COIN	正面反馈的例子	负面或建设性反馈的例子
C	在今天的项目评审会议上	今天下午我在房间里转悠的时候
O	我注意到马克表达了他对启动时间的担忧后，你停顿了一下，点了点头，问了几个开放式的问题，并问他"这似乎对你很重要，我们可以单独找个时间来讨论一下吗？"	我看到你俯身跟你的销售经理说，建议他在今天上午的客户会议上回答客户问题时可以更有条理一些

续表

COIN	正面反馈的例子	负面或建设性反馈的例子
I	当倾听别人的时候，问一些能帮别人厘清思路的问题，认可别人，即使对方比你级别低。这样马克会觉得自己受到了重视，表达担忧的做法得到了鼓励，表达担忧的风险降低，会议上的其他人也会因此更加尊重你	对他的影响可能是让他觉得尴尬和惊恐。而且因为你是经理，开放式办公室的其他人可能也会觉得不舒服，觉得你不懂得尊重别人
N	做得很好。再接再厉。感谢你为大家做榜样实践这些技能	今后，最好是在你的办公室里，面对面地提供负面/建设性的反馈。最好是在"同一层面"上，私下惩罚，公开表扬

如何反馈

要让反馈接收者将反馈看作真实的、建设性的，并积极地接受反馈，反馈方式是非常重要的。就比如有一个人及时送给你一份包装精美又非常适合你的生日礼物，而另一个人只是在你生日后的第二天把他在街角商店买的、皱巴巴的卡片扔给你，你对这两个人的感觉会截然不同。

- 提供与你所观察到的行动或行为尽可能接近的反馈（以便让每个人都记忆深刻）。
- 每天给予反馈，不要等到绩效评估或者"需要关注的极端情况"发生时才反馈。让反馈成为日常惯例。

- 在公共场合给予正面的反馈,如果合适的话或者对方喜欢你这种关注的话(或者至少可以接受这种关注)。

- 私下给予负面或建设性反馈,以免被认为是批评,或令对方感到尴尬或羞耻(有一句众所周知的话,可以帮你记住最后两个技巧:公开表扬,私下惩罚)。

- 反馈时语速要适当(不宜快速),表达要清晰,尽可能具体。在O(告诉对方你所观察到的)之后稍作停顿,在I(反馈产生的影响)之后稍作停顿,然后在N(说明下一步)之后停止交谈。

- 尽可能少用词。话越多越会降低核心信息的清晰度。想要检查对方是否理解了你说的话,可以问他们"还有不清楚的地方需要我再说明的吗?"或者"为了确保我说清楚了,还有什么想让我重复的吗?"或者"对于我说的,你有什么理解?"

- 看着对方的眼睛(温柔地看着,而不是严肃地看着),微笑(笑容看起来要愉快,而不是令人毛骨悚然)。对自己以及接收反馈的人都要有耐心。

- 给予反馈的意图应该是服务他人,希望他们成长和发展(而不是"给予反馈"就完了),反馈要发自内心,而不是浮于表面。

- 记住,就像你可以自由地给予反馈一样,你的反馈对象也是自由的,他们可以听(或不听)、采纳、适应或拒绝你所说的。不要假设,也不要期待!
- 如果反馈的东西很难,那么给对方一些时间和空间去消化。你可以说:"我感觉你可能需要时间来消化/思考我说的话。那我们明天再谈。"

| 职场软技能 |

本节挑战

在接下来的五天，每天使用上述模型给出正面反馈。在一对一的对话中，使用完整的COIN反馈模式，每天与五个不同的人进行至少五次练习。在工作和个人生活中都尝试一下。举个例子，刚刚在咖啡店，我在写本书这一部分时就这样做了。我对服务员亚历克斯（Alex）说："你们对顾客的热情以及愉快的眼神交流让我感到很开心，我相信其他人在这里也会感到受欢迎，谢谢你们。"

在五天的正面反馈之后，试着给出一些小小的负面或建设性反馈（不要编造，必须是真实的事情）。每周至少做一次。

每次这样做的时候都反思一下：

▶ 使用这个模型让你对自己有了什么了解？对其他人呢？

▶ 你在哪些地方做得好？在哪些地方还需要练习？

▶ 这样做有什么影响？可以是有形的影响（比如，别人对你说了什么），也可以是无形的影响（你感觉/感受到了什么影响）。

▶ 正面反馈和负面/建设性反馈的区别是什么？

▶ 当别人给出反馈时，你注意到他们的什么行为？哪些行为是有效的？哪些行为无效？

▶ 你收到最好的反馈是什么？它在内容和表达方面有什么优点？

▶ 就你给出反馈的能力/舒适度而言，第一天和第五天相比，你注意到了什么？

原则4　恰当使用告知法与训练法

这一节涵盖的内容被应用在人际交往的很多领域,而且这些技巧还有助于你成为一个成功的教练。这里分享的是一些技能和技巧。

有了这个原则,你会了解训练和告知的区别——这两种方法在工作和生活中都是很重要的技能,要根据涉及的人和情境,在合适的时候采用合适的方法。我会分享我使用告知法的理由、我使用训练法的理由以及一个告知模型和训练模型。说实话,关于训练的信息比告知的信息多,大多数领导者已经知道怎样判断,但是还有许多人需要更多的工具和鼓励。

告知

在这一部分,我会把告知与训练做对比。对于领导者来说,告诉别人该做什么以及如何做,是一项重要的技能。你有多年的经验,你见识过很多问题,经历过很多复杂的情况,你有很多东西可以分享,你的组织中有很多人希望你的分享能对他们完成自己的职责有帮助。

有时候直接告知是无益的，它会导致依赖性。从长远来看，这种方法也更低效。因为你无法让别人独立思考，还限制了想法的多样性。

人们采取告知法的主要原因

- 速度快，直接告知肯定比教学、训练或培训要快。
- 告知是如此自然，以至于甚至会无意识地告知，你想都不用想。
- 当人们沿着你想要他们前进的方向前进时，做事是高效的（他们用你的方式做对了）。
- 在发生危急情况时，例如："快跑，大楼着火了！"
- 对方就想有人直接告诉他，而不想自己思考。
- 对方是新手/没有经验，不知道怎么做。
- 我知道答案，为什么还要让别人为难或猜测？

适合告知的情况

- 当你在教别人一项新技能或把知识传授给别人时。
- 当你在特定的活动中培训别人时。
- 危急时刻或关键时刻。
- 虽然你多次尝试训练和鼓励对方，但他们仍然不得要领。

如何告知（非危急时刻）

1. 计划好你想告诉别人什么

（1）设身处地为他人着想，评估他们有什么需要或想要什么。

（2）你为什么告诉他们这些？基于什么情况或者有什么目的？

（3）在沟通时要表达明确——宁可表达得比你认为必要的更清楚。

（4）在你告诉对方该做什么之后，想想你还需要做什么跟进？

2. 告诉你想告诉别人的

（1）让告知成为一种讨论而不是单向的灌输。

（2）检查听者是否理解了。

（3）同意接下来发生的事情。

3. 跟进

（1）如果他人表示同意，在你说你会的时候，按照你说的去做。

（2）如果不需要跟进，那这也许正是你给予积极反馈的机会，比如，如果你告诉他们如何访问一个系统，你注意到他们做得很好，那就大方地夸赞他们。

🔖 训练

训练是一种技能，一套工具，也是一种心态。我在这本书里展示的是将训练作为一种技能，也作为一套工具；它会帮你把训练技能作为你的技能工具箱中的一个选项。

训练的好处

- 让接受训练的人学会用自己的方式思考问题，让他们变得更有能力，让他们对你的依赖减少。

- 接受训练的人会拥有他们自己的观点和想法，可能会产生新的、独特的解决方案和更多的创造性思维。

- 从长远来看，对你来说工作量变少了，因为你训练他们自己找出解决方法（让他们更独立，当他们做得好的时候，也是给他们赋能）。

- 当你真诚地要求别人探索自己的想法时，他们会觉得自己受重视、有人愿意倾听他们，所以他们往往更投入。

- 你培养了领导者，培养了能力强的人才，从而提高了组织的能力（这可能对你来说更有成就感）。

| 职场软技能 |

训练的内容

训练其实只是为人们（客户、接受培训者或员工）创造一个反思的空间，让他们就某个特定的话题找出自己的解决方案和想法。训练是由教练（在某些案例中是领导）以一种深入的、非评判的方式倾听，并提出开放式（或有启发性的）问题，帮助员工发现自己心里的想法和可能性。

我曾经在街上给路过的人做过10分钟的训练（这是伦敦一个提供免费训练的街道团队的一部分），得到的反馈是这种体验给他们留下了深刻的印象。我也花了几个小时为别人提供训练，都得到了同样的结果，这说明训练可以是10分钟、30分钟、1个小时或更长时间——这依据情况、话题、受训者想从中得到什么以及你所拥有的时间决定。

（1）倾听是伟大沟通的起点，也是良好训练的起点。通过在共创式训练机构（Co-Active Training Institute，CTI）的培训，我了解到倾听分为三个层次（表2-3），这改变了我（大部分时间）的倾听和参与方式。

（2）提问是训练的又一个重要因素，提问代表好奇，所以也会激发员工的好奇心。根据员工所说的话拟定你的问题；用他们用到的词语来提问，有助于他们更深入地理解；提问开放式问题（不能用"是"和"否"来回答）。问题要简短（因为这样可以集中思考，不会搞混）。继续问"那又会怎样呢？"以便让员工继续思考或深入思考。

表2-3 倾听的三个层次

层次	内涵
第一个层次 内在倾听/专注自我	你关注的是你自己，你的想法，感受，问题。当有人提到一个话题时，你马上就会想到自己对这个话题的想法、感受和看法。这是关于你内心的叙述或对话
第二个层次 专注倾听对方	你的注意力像激光般精准地集中在对方所说的话上，就好像你在老电视剧《糊涂侦探》（*Get Smart*）中的"沉默锥"下。当有人提到一个话题时，你想知道这个人对这个话题的想法、感受和看法。你对外界的事情几乎意识不到
第三个层次 专注于整体也叫整体性倾听	你的注意力集中在每件事上，整个空间、你的内心、对方的内心在想什么以及你们之间会擦出什么样的火花。这是直觉发挥作用的时候，也是决定是否行动或者互动的时候

（3）1992年，约翰·惠特莫尔（John Whitmore）在他的《高绩效教练》（*Coaching for Performance*）一书中首次提出了GROW培训模型（表2-4），这是一个可以广泛用于培训的框架。这个框架只有四个简单的步骤，可能看起来并不复杂，但它

却有令人难以置信的强大作用。当客户在团队培训中实践这个模型时，他们经常会惊讶地发现自己频繁地想要告诉对方正确答案或者他们自己的答案；他们惊讶于自己的脑子里有这么多想法，他们发现自己很难注意别人在说什么；他们发现自己频繁地问封闭性问题和诱导性问题；他们还发现自己想加快进程，即使别人还没有准备好。有些人惊讶地发现，受训者在培训中会产生巨大的价值，即使教练根本不知道他们正在谈论什么！记住，培训是让别人来解决问题或提出解决方案的，而不是你作为教练有什么理解。

表2-4　GROW 培训模型

步骤	解释	实际可以问的问题举例
目标（G）	目标是什么？这是为了定义内容，也就是实际的问题或者议题。我们的目标是什么？你想要达到或完成什么？这一步可能需要几分钟，也可能需要相当长的时间，取决于员工已经清楚了哪些东西	• 你想讨论什么？ • 你想达到什么目标？ • 你想从这次会议中得到什么？ • 为了离开时觉得这段经历值得，你想要经历什么？ • 你想要什么与众不同的体验？你想要什么样的结果？ • 你希望发生什么现在还没有发生的事情？ • 现在正在进行的事情，你不希望哪些发生？ • 这现实吗？ • 我们现有的时间够做这件事吗？ • 这对你来说真的有价值吗？

续表

步骤	解释	实际可以问的问题举例
现实（R）	当前的实际情况是什么？探索这个领域是有价值的，这样员工就会非常清楚这个领域是怎么回事。这可能会突出他们关于自己或关于所处场景的假设和知识差距	• 现在发生了什么？ • 你怎么确定这是准确的？ • 这种情况什么时候发生？ • 这种情况多久发生一次？ • 这种情况有什么影响？ • 你如何验证这种影响？ • 你或其他人在此之前对此做过什么？ • 还有哪些其他相关因素？ • 还有谁参与其中？ • 他们对形势有何看法？ • 到目前为止你都尝试过什么？你学到了什么？
选择（O）	有哪些可能的选择？这就是你可以让受训者做头脑风暴的地方，让他们想各种可能的选择。不断鼓励他们去想，直到他们穷尽了所有合理的选择	• 你想做什么？ • 你能做些什么来改变这种情况？ • 有什么替代方法？ • 告诉我你看到的可能的行动。 • 在类似的情况下曾使用过什么方法或采取过什么行动？ • 谁有可能会帮上忙？ • 你想听我的建议吗？ • 这种选择的好处是什么？可能会有什么问题？ • 你对哪些选择感兴趣？ • 你想选一个并付诸行动吗？

续表

步骤	解释	实际可以问的问题举例
向前的意愿或者道路（W）	将会发生什么？你会怎么做？你的前进方向是什么？这是教练确定接下来的步骤并建立责任的时候。受训者要做什么？什么时候做？他们将如何确保成功？	• 接下来的步骤是什么？ • 你打算什么时候采取这些步骤？ • 可能会遇到什么阻碍？ • 你需要在日记中记录这些步骤吗？ • 你需要什么支持？ • 你将如何获取支持？ • 你如何知道自己取得了进步？ • 还需要做什么？

要注意的：

• 不要试图一次完成所有步骤。

• 不要只关注O和W，要花时间在G和R上，因为人们经常会忽略这些，然后发现自己解决问题的方法不对症！

• 不要事必躬亲。让客户/受训者/员工来做这些工作。例如，在设置问题的时候使用他们用过的措辞、停顿或沉默，这样他们就能明白。

• 不要问封闭式问题。使用开放式问题，最好以"什么"开头，至少一开始是这样（"为什么"会让人为他们刚刚说过的话辩护，"如何"侧重于做事方式，可能导致你在澄清真正的问题之前就先跳到了解决方案上）。

- 不要使用假设性问题——基于你自己的假设提出的问题，比如："这件事有什么让你不舒服的？"只有在他们告诉你他们感到不舒服后，才可以问这个问题，而不是你认为他们不舒服的时候就问。你可以问："你们对此有什么感觉？"

- 不要问引导性问题——在引导性问题中，你会提出可能的想法或解决方案，引导对方朝某个方向思考。例如："关于削减成本、裁员、取消轮班或限制出差次数你有什么计划？"注意你正在引导他们走向一条路，可能是你通常所追求的道路。

- 当别人说"我不知道"时不要直接给答案。这对员工来说是一个很容易帮他们解除困境的方法，尤其是如果你过去总是直接给出答案的话。要么保持沉默，让他们自己思考，要么问一些诸如"如果你知道，你会说什么或者做什么？"或者"如果你心里理解了，你会怎么表达？"或者"想想这方面的专家会怎么说？"这一连串的问题可以帮助别人发现他们内心的智慧。

训练方式

训练不仅是问问题、倾听并遵循一个模式那么简单。训练要做的应该是提问，倾听，再深入提问，进入下一步，最终达成统一的行动。

就像遵守菜谱和成为厨师是有区别的，训练也是如此。不仅因为练习时间以及接触不同食材和方法的时间不同，还因为他们走进厨房时的意图、心态或信念不同。厨师带着激情、好奇心、服务欲望、爱和信心走进厨房，因此他们会对原材料做出改进甚至创新。

你在训练别人的时候（或坦率地说做任何事情的时候）你是谁，想想当你训练别人时你想采用什么样的方式——注意力集中，思维开放，不急着评判，注意倾听，对发生的事情有准备，有好奇心，目的明确，等等。它要求你专注当下，不要对训练的进展有先入之见，要接受当下出现的一切。

善于训练或运用训练技巧的领导者在他们的组织中仍然是领导者。他们身兼数职——领导、经理、教练、导师、培训师、绩效监督员等。本书的第3部分会有更多关于这个概念的介绍，当你在做教练的时候，最好有意识地选择你的教练角色，这样你的思维就会与所处情境一致。

建议：

- 用富有同理心和好奇心的语气说话，而不是用审问的语气。

- 在整个训练过程中认可受训者，注意他们在哪些方面做得好，以及他们在这个过程中表现如何（例如："你思维开放；你善于反思；你很有创造力；你敢于尝试未知的东西"）。

- 在训练结束时，用员工已经明确掌握的行为来鼓励他们，例如："这些都是你已经掌握得很好的，加油去做吧，你会做得更好"（你可以联系员工的实际行动说得更具体些）。

- 支持受训者，肯定他们的潜力和价值，尤其是当他们感觉不到的时候，你可以说出你看到的他们表现最好的地方。

- 沉默也没有什么不好，这意味着有人在思考，这不就是别人付钱给你的原因吗？

- 相信自己；至少你比接受你训练的人更了解训练。

- 练习，即使只是问一个问题，也要在回答之前先练习。

| 职场软技能 |

本节挑战

在接下来的五天里，每天至少与五个不同的人使用完整的GROW培训模型一对一练习一次。在你的职业生活和个人生活中都尝试一下。例如，昨天一个朋友对我说，他的孩子"是个白痴"。我问："你愿意思考一下这个评价吗？"他说："愿意。"然后我用训练技巧，和他讨论了一下。在大约三分钟的时间里，我问了各种各样的问题，比如，"你这个评价的目标是什么？""这个评价对你有什么影响？""这对你的孩子有什么影响？""你对你孩子有什么看法？"他说自己这样说是因为他感到"沮丧想发泄"，他也不喜欢给自己的儿子贴上这样的"标签"。他想把儿子想象成"在大森林里找到落脚点的小雄鹿"，以此来增强他做决定的信心。

在训练了五天的教练技能之后，制订一个一小时的、有直接报告的辅导计划。这样每周做一次，坚持下去。你可以训练员工或朋辈。你甚至可以训练你的老板，只是要注意不要显得居高临下。

每次这样做的时候都要反思：

▶ 使用GROW培训模型让你对自己有了什么了解？对其他

人呢?

▶ 你哪些地方做得很好?哪些地方还需要练习?

▶ 训练有什么影响?无论是有形的(其他人告诉你的)还是无形的(你感觉到的)。

▶ 告知和训练的区别是什么?

▶ 关于对别人的训练工作,你注意到了什么?哪些训练是有效的?哪些不起作用?

▶ 训练的第一天和第五天相比,你注意到自己在能力和舒适度方面有什么改变?

原则5　学会有效地讲故事

你或许会想，"讲故事和人际交往技能有什么关系"。其实关系很大。如你所知，人是有感情的生物，而讲故事是一种很好的与人沟通的方式，因为好的故事是感性的。伟大的著作和伟大的电影都是如此，它们讲述的都是引人入胜且动情的故事。

在这一部分，我会分享讲故事的原因以及讲故事的好处。讲故事的模式实际上有九个步骤，遵循这九个步骤可以让你的故事有意义、有力量。按照这九个步骤去做，你就会有一系列的故事，并且在很多情况下都适用。真实的事是原材料，让故事引人入胜、令人难忘的秘诀是讲故事的方式。就像胡萝卜只是一种蔬菜，一种食材，但是加入椰奶、蔬菜高汤和香菜，你就有了一碗暖心汤，将胡萝卜磨碎，加入面粉、糖、肉桂粉和鸡蛋，你就得到了慰藉人心的软糯蛋糕。

人们害怕讲故事的主要原因：

- 他们认为自己必须要表现得很有趣。
- 他们认为自己要像一名演员，把剧本讲得娓娓动听。

- 他们认为自己没有创造力。
- 他们担心被置于尴尬的境地。
- 他们认为这是在公共场合演讲,就像一场展示会。
- 他们担心自己看起来很傻。
- 他们担心自己显得脆弱或犯错误。

讲故事的好处:

- 能调动别人的情绪。
- 与他人分享自己的经历,从而建立私人连接。
- 以娱乐或描述性的方式讲清楚了道理。
- 沟通方式很灵活,因此更容易与不同的人产生共鸣。

➦ 讲故事的内容

想知道讲故事的秘诀吗?讲故事的秘诀就是你在讲故事或者有分享欲之前,你就要想好你的故事。也就是说,你要提前计划好。无论是关于你职业领域的故事还是关于你个人生活的故事,这个过程都是一样的,取决于你的听众是谁。不过,我们这里讲的主要是集中在职业领域的故事,其实并不像下面九个步骤所展示的那么复杂。我刚刚把整个过程分解成了细节,以便你更好地理解运用。

巅峰时刻——想想你的职业生涯，有哪些亮点、低谷、得到的关键教训和人生的十字路口。同时，思考一下作为一个领导者，什么对你来说很重要，这个目标或动力从何而来。如果你正苦苦挣扎，那你可以想一想希望接受培训的学员了解哪些关于领导力的内容，并试着想想在你自己的职业生涯中，你是从哪里学到这一课的。

你的处境——从上述确定的特定事件和时间，想一想你的处境——包括你的想法、感受、动机以及与每件事中相关人物的关系。

经验教训——找出你从每个巅峰时刻得到的教训。换句话说，你从每个巅峰时刻收获的教益是什么？这将成为你故事的"升华部分"，并有助于确定要分享的故事以及何时分享，因此请继续关注。

选择——哪些主题或教益最适合你当前的领导情况？这可能对你的团队成员应对现在面临的挑战有帮助。

创造——根据上面的主题或教益创造故事，包括情境、学习时刻、你的感受以及"升华部分"或教益。

精心组织——投入更多的情感（你可能像许多人一样吝啬感情），分享焦虑和突然醒悟的感觉，包括通过分享具体的细节,让故事更有趣味性和画面感。最后,总结一下从哪一刻起它如何改变或影响了你。

提炼——删除一些填充词或多余的话。你应该将故事的长度控制在三到五分钟。再准备一个稍微长点的版本,以便根据具体情况应用。

练习——自己独自练习。先读一遍,自己感受一下。然后再大声朗读,听听自己讲出来是什么样子(你肯定不希望别人第一次听到你的故事时,也是你自己第一次听到你的故事)。然后站在镜子前面读,偶尔抬头看看镜子中的自己。这样练习会让你在真正讲故事的时候没有那么不舒服。如果有必要,请仔细斟酌措辞。

表达——这不仅仅意味着你要记住这个故事,还意味着你要清楚你想以什么样的结构组织、以什么样的思路传达你想表达的内容。与你觉得不容易出错的人一起练习,让他当听众,并利用你新发现的意识感知技能来判断你的故事对他的影响。或者你也可以向他寻求反馈!另外,你也可以观察别人是如何讲故事的——什么对他们有用,什么对他们不起作用。

实际讲故事的方法是,你脑海中有三至五个小库存,根据情况选择合适的版本来用。例如,当一位同事对你说,他们正在努力向他们的一个团队提供所需的反馈时，你可以告诉他们你在遇到同样情况时发生在你身上的故事（你已经准备好了）以及你从中学到了什么（包括向他们展示本书中的原则3反馈内容）。或者，如果你的员工犯了一个明显（但不严重）的错误，你可以分享你的故事，证明那个错误给你提供了最大的成长机会，你的绩效也因此得到了显著提高。分享你自己的故事是一种激发并启迪别人在困难情况下突围的方式。

> **安东尼（Anthony）的案例研究示例——讲故事的课程**
>
> 一位资深客户，就叫他安东尼吧，他和一个庞大又松散的团队最近参加了一个会议，他感到非常沮丧。他在更大的团队中承受着巨大的压力，感觉倦怠又躁动。他们团队中一名级别较低的成员自杀了，这件事高度强化了他的这种感觉。尽管该员工的家人向团队保证他的自杀与工作无关，但团队的元气受到了创伤，公司立即为所有员工安排了支持机制。我的客户担心他的员工，想让他们知道任何事情都不值得他们牺牲他们的健康和生命。他的声音中透露出深刻的关怀和信念。当我想弄清楚他身上到底发生过什么事情时，他说不出话来，情绪开始爆发。他的思

绪回到了几年前的一段时光，当时他由于工作压力大，而将自己逼到绝境。那时候他才意识到，压力是自己给自己的，是他的自我怀疑、对未来的担忧以及不切实际的幻想，让他陷入崩溃，这些对他的伤害比老板提的过分要求对他的伤害更大。当他谈到自己是如何熬过来的时候，他说在这些消极情绪将他摧毁之前平息它们，这样他传达给员工的信息就变得清晰起来。在我们的讨论中，他会以这种敏锐、有同理心的角度分享他的经验。

讲故事的方式

真实、有影响力的故事来自你的内心。这是你对自己经历的表达。它展示了你的弱点，你的激情和你的自我反省。人们经常犯的错误是试图编造一个鼓舞人心的故事，但那是捏造的，不是事实。而且人们在讲述事实的时候还会剥离掉情感，脱离故事发生的背景，把一个故事变成一个居高临下的单行指令，例如"我曾经也错过了一个关键的截止日期，但我从中吸取了教训，所以现在我总是会保证把关键利益相关者提前安顿好"。或者对于以上安东尼的故事，也可以说"我曾经差点精疲力竭，后来学会了调整自己的节奏，学会了照顾自己"。他们可以在书中读到这句话，因为它传达了很多灵感。

感受它——讲故事的时候，记住感受你所讲述的那个时间你的情绪。感受你快要精疲力竭时的疲倦和压力（如果我们引用安东尼的故事的话），以及你最终从中走出来时，你感到的轻松、宽慰和自我同情。

节奏——在讲故事的过程中变换节奏，有意使用停顿、眼神交流及呼吸。这些东西让听众感觉不枯燥，也能让你的情感流露出来，让你自己沉浸在故事中，而不是复述一个你背熟的故事。

语气——你平时说话的语气是什么？你会用什么形容词来描述你的交流方式——有趣？口语化？有礼貌？健谈？权威型？充满激情？像专家？反思？实事求是？我自己的语气是直接而简洁的。

我写这本书的时候，是一个写作小组的成员，这个小组是由一个很棒的图书教练艾莉森·琼斯（Alison Jones）带领的，她给我们布置了一个练习，让我们用不同的语调来写作。这个练习让我用不同的声音交流，并意识到什么时候该切换不同的音调，以体现多样性并突出重点。

而且，用不同的语调写作让我意识到了我最初交流中缺失的关键信息。我在写原则3的时候，以我语音语调的练习作为例子，供你参考，你可以根据需要尝试用你的语气进行调整改变。

1. 独创的

给予反馈是开启"外部"这一部分学习的一个好开端。因为给予反馈意味着把你的注意力放在别人身上——可以是团队成员、员工、同伴甚至老板，注意他们的行为、品质和/或处事的结果。然后把这些具体的观察结果传达给那个人，帮助他们成长。

2. 有感染力的

以给予反馈开启本书"外部"这一部分的学习，既令人兴奋又让人恐惧。因为我们离开了安全而熟悉的"自我"世界，转向了可能让我们焦虑且不确定的"别人"的未知世界。或者把我们的注意力放在另一个人身上——也许是一个令人沮丧的团队成员、一名快乐的员工、一个同事，甚至你那自信的老板。留意其他人各种各样的行为举止、品质和处事结果。然后勇敢地把这些具体的观察结果传达给他们，不过让我们慢慢来，一次迈出一小步。

3. 能鼓舞人的

你会发现给予反馈是开始本书"外部"这一部分最简单也最有影响力的方法。关注别人真的是一件令人兴奋的事,无论是团队成员还是老板。想象一下,你自信地为他们的成长给予反馈,以及他们接受反馈会是什么样子。

有了如何关注他人行为、品质和处事结果的方法,还有一个框架,为交流提供了勇气,反馈这件事你就彻底搞定了!

4. 有指导性的

现在我们从介绍反馈开始介绍本书的"外部"这一部分。你会学到在关注别人的行为、品质和处事结果时应该关注什么,以及如何向他们传达正面或负面的反馈,从而使他们改进。

5. 有针对性的

在本书的"外部"这一部分,我想让你学到的是给予反馈。很多客户都对如何给予反馈感觉有困难,有些人认为说对方"干得好"就足以表扬对方了,而有些人则不知该如何给予那些没有平时做得好的人正面反馈。这个话题将帮助你理解,反馈是通过注意别人来服务别人,首先是关注他们的行为、品质和处事结果,然后有效地与他们沟通,促进他们的成长。

6. 令人震惊的

如果你只能从这本书中学到一件事,那就是反馈了!反馈意味着要挑战自我,克服自己的不安全感,更多地关心他人和他人的成长。反馈从关注他人开始(当我们对自己不确定或感到害怕时往往会忘记这一点),然后有条理地向对方传达简单的改进方法。

| 职场软技能 |

本节挑战

在接下来的一周，按照本原则所讲的九个步骤创建两个故事。如果你做起来有困难，那就选择职业生涯中前两个最难忘的时刻。

在你的职业生活和个人生活中都尝试一下。例如，当有人问我是什么原因让我住在伦敦的，我可以不假思索地回答："是我住在伦敦的叔叔建议的。"的确是这样，但是这样回答很无聊，而且没有告诉提问的人任何关于我的信息。而我（在我完成这个过程的学习后）讲的故事则能够说明我有对未知事物说"是"的信念，并且相信随之而来的东西。所以我对自己为何住在伦敦的回答是：

"当我还在瑞士时，在一个阳光明媚的周日下午，我在伦敦生活了50多年的叔叔打电话问我：'你们接下来要住在哪里？'因为他知道我和我前夫，当时还是我丈夫，三个月以后要离开瑞士。我说'不知道'，确实是这样，因为当时我丈夫即将成为前夫，他要搬回加拿大，但我不想去加拿大。我叔叔问：'你想过住在伦敦吗？'我说：'当然想过，但我不知道从哪着手？'他当时并不知道我的婚姻即将结束。他建议说：'嗯，我想搬回加拿大，唯一让我放不下的就是我的公寓和家具。如果你买了我的公寓和家具，搬来伦敦，我就搬去加拿大。'我大吃一惊，结结巴巴地说：'真的吗，我从来没听你说过要回加拿大？''是的。'他说，他是个沉默寡言的人。'你的公寓我买得起吗？'我试探性地问了一下，我知道作为一个刚刚开始创业的单身女性，要买下它，是很难的。'我会确保你买得起，给你按亲友折扣算。'我回答说：'好，我决定搬去伦敦了。''那就这么敲定了。'他说道。'好的，更多事宜我们可以以后再谈。'我简直不敢相信。就是这5分钟的通话，让我搬到了伦敦。"

分享这个故事要花90秒到2分钟的时间（我可以讲得很快），讲完后我要停顿一下，带着当时真切感受到的惊吓、难以置信和兴奋。这个故事我已经分享过很多次了，因为人们总是对身边的外国人感到好奇，我得到的反馈是，我的故事很鼓舞人心，我是一个很勇敢的人。

接下来，请你下周至少给一个人讲至少一个故事。

额外的任务：从你的故事中选取两句话，用四种不同的语气写出来。哪种语气是你觉得舒服的，哪种是让你感觉有点费劲的？在讲述时，什么时候切换另一种语气能让你的故事产生更大的影响？

每次这样做的时候都反思一下：

▶ 当你使用九步法的时候，你对自己有了什么了解？

▶ 你在什么地方做得很好？你还需要练习什么？

▶ 讲这个故事会产生什么影响？可以是有形的（人们对你说了什么），也可以是无形的（你感受到的影响）。

▶ 当你分享故事的时候，你有什么不同？

▶ 别人讲故事的时候，你注意到了什么？故事中的哪些细节或别人讲故事的哪些语气或行为起了作用？哪些不起作用？

就你对整个过程以及你自己的表达能力或讲述时的舒适度而言，第一天和第五天你注意到了什么？

额外挑战

如果你的水平非常高，或者可以接受双重挑战，那么你可以思考一下把第1部分"内部"中你了解到的自己的一些特点，通过"外部"中的模型和提示加以练习，练习这些特征的积极方面。例如：如果你知道你和我一样，倾向于快速高效，那么在使用反馈、训练或讲故事的任何技巧时，练习放慢速度。这里面隐含了第3部分——内外之间。

第 3 部分

内外之间

| 第3部分 内外之间 |

我认为这是最难的部分。因为这部分是自己和另一个人之间的"舞蹈艺术",像两座高峰之间的深谷,像太阳和月亮之间的广袤空间,像两个磁铁之间的磁场,像大峡谷南北缘之间的海湾,像两个沙洲之间的河流。

本书的这一部分,是关于如何在你的内在自我和外在世界的其他人之间找到解决困境的正确方法。

这部分背后的思想是亚里士多德的一个概念,即整体大于各部分之和。或者像史蒂芬·吉利根(Stephen Gilligan)和罗伯特·迪尔茨(Robert Dilts)在他们的著作《英雄的旅程》(*The Hero's Journey*)中解释"场"的概念时分享的一样:场是个体周围的空间,如果你把两个氢原子和一个氧原子结合,你会得到惊人的东西——水,它既不是氢也不是氧。"内外之间"这部分是指你带来的独特性、另一个人带来的独特性以及这两种独特性混合所形成的魔力结果。

这部分将介绍调整、平衡和袒露。

首先,我们将介绍如何自我调整以适应他人,适应当时的情况或希望的结果。我将从介绍调整适应的好处开始讲述，包括对涉及的每个人的好处，而不仅是对你自己的好处，也包括对另一个人的好处以及对整个组织的好处。然后我就开始讲如何调整适应而不是顺从或强迫。我们还会讨论因调整自己而影响了他人的行为是否属于操纵他人，并从这个角度回答关于操纵的问题。另外会分享实验和扮演的概念，使调整适应做起来更容易。最后，还会有一个提示列表和一个案例研究帮助你理解。

其次，第3部分将直观地说明在与他人互动时根据具体情况需要平衡的所有不同元素。这并不意味着这些不同的元素必须被平等地使用，而是在两个极端之间做出最恰当的调整。不幸的是，关于调整适应没有固定的规则，而是根据情况变化的。想象一下走在钢索上（这是一个糟糕的比喻，因为它可能意味着徒劳的努力），你的表现（这又是一个糟糕的比喻，因为这与你的表现无关，而是要真实）不仅受到绳子离地面的高度的影响，还受风和能见度的影响，受你是否恐高的影响，走钢索对你的重要程度也会影响你的表现，走完后的奖金（如果有的话）以及你在走钢索方面的熟练程度也会影响你的表现。一旦你上了钢索，最重要的是专注当下，专注于一只脚一只脚地往前挪。

最后，这部分还会涵盖不寻常的，有可能令人不愉快的，关于脆弱和勇气的话题——这个话题意味着你内心的不安。脆弱和勇气是相依相伴的，而且对表现的要求极高。

| 职场软技能 |

原则6　根据他人和情境做出实际调整

做出实际调整指的是你在与另一个人打交道中找到解决困境的办法，既能够让你以某种方式做自己，也能达成你所想的事。首先，这里的前提，是假设你需要或者想要和这个人打交道。在这本书的语境下，我们认为你是需要这些人的，以便以某种方式实现你的目标，或你所在组织的目标。其次，你知道你和另一个人不一样，你们有不同的视角、不同的人际关系偏好、不同的个性和不同的目标。既然是你在读这本书，那么你就负责管理你与别人的互动。最后，这不是让你为了迎合别人的需要和愿望而改变你自己，而是让你在与他人交往互动时保持你的独特性。我之前说过，这就是更有技巧地做自己。

➤ 做出实际调整的好处

1. 对你自己的好处

（1）能让你做你自己，而不必戴上面具或者表演。

（2）能让你把精力集中在关系和业务上。

（3）能让你感到轻松舒适。

2. 对其他人的好处

（1）把其他人真正地视为独特的个体。

（2）他们有了一个做自己的榜样。

（3）他们了解真实的你，更容易预测你以后会怎么样。

3. 对团队的好处

（1）有助于团队避免把精力花在不切实际的地方。

（2）有助于团队形成一个鼓励人们做自己的正能量环境。

（3）能提高团队的效率和产出，因为人们在搭建桥梁，而不是在故步自封。

（4）团队变得更灵活，因为人们意识到了他们在人际关系中真实的样子，而不仅是互动适应。

调整真的是服从吗

《牛津英语词典》对"调整"（adapt）的定义是："使（某物）适用于新的用途或目的；修改；适应新的环境。"

服从是在与他人互动时自我调整的一种方式，就像是模仿或者对抗。调整是指在建立人际关系的时候，使用软技能，想要实现某种商业目标。调整比模仿或者服从更巧妙、更细微。调整就是在与他人互动时有意识地采用有意图的互动方式。

当你和喜欢你的人打交道时，调整是很容易做到的。因为你们有着相似的观点和价值观，你们都偏好某种特定的沟通方式或决策方式，你们在工作上有一致的目标。如果对方跟你不一样，或者甚至跟你对立，调整就很难了。我上一任老板跟我完全不像，我们经常互相反驳，尽管我们有相同的目标，但是我们的做事方法和优先事项却是冲突的。一开始我很沮丧而且效率低下，直到我换了一种方式看待我们之间的差异。我没有说我们有矛盾或冲突，而是说我们彼此互补，所以能很好地兼容，因为我们两个的特点加起来涵盖了所有可能性，而不仅是一部分！在和她打交道的时候我先调整心态，然后再调整我看待我们之间差异的方式，让我自己认识到我们两个的不同是有价值的，是值得探索的。

| 互补 | vs | 竞争 |
| 兼容 | vs | 矛盾 |

➤ 关于如何做出实际调整的建议

虽然很难选择如何与另一个人相处，但这里有一些建议可以增加你的舒适感,加大你成功的可能性。

(1)了解你自己——这样你才能意识到自己的喜好、价值观、默认习惯、沟通方式以及与人互动的时候你能贡献什么。

(2)尽你所能地去了解对方——对对方的想法和感受表现出兴趣有助于你了解你们之间关系的另一面。训练技巧在这里很有用,可以通过询问而不是盘问去了解对方。你接触一个人越频繁,你了解到的关于他的信息就越多;接下来你可以描绘一幅关于他的图片,然后和你自己相应的信息对应起来。

(3)注意你所处的情境或者你尝试创造的情境——在情商语言中这叫作社交意识。

▶ 你想达到什么目标?

▶ 对方的需求和愿望是什么?

▶ 你现在有什么感觉?

▶ 对方现在是什么感觉?

▶ 就话题或时间而言,什么是可能影响事情的压力源?

▶ 你们是在同一条船上,还是在不同的船上,还是两个人都在桥上?(把谈论的主题比喻成一条河流)

（4）开始你们的交流。

- 首先检查你们每个人与河流（谈论的主题）的相对位置。"我想谈论的是……"或者"这次谈话的目的是……"或者"我想就……建立联系"。

- 提供背景信息——领导者会提供背景信息，而不只是关注内容。领导者不会假设员工知道他们的出发点，也不会假设员工知道领导者为什么要求他们那样做。领导者会花时间讲解完成工作任务的原因，或者问员工而不是只说自己想要什么。创造一个共同的环境有助于让你们站在河流的同一边，或者一起站在桥上。

- 检查别人是否和你的想法一致——问他们"我想确保我讲清楚了，你们从我分享的内容中有什么收获？"这样问是将讲清楚的责任放在了你身上，而不要问他们是否理解了。"问他们是否理解了"的意思是如果不理解那是他们的错，而不是你的错，不是你没有很好地沟通。既然你是在读这本书，你就要负责讲清楚，为良好的沟通质量负责而不是指责他们的理解能力。

- 回应他们说的话——是回应，而不是反应。几十年前斯蒂芬·科维（Stephen Covey）在《高效能人士的七个习惯》

（*The 7 Habits of Highly Effective People*）中有过精辟的论述："先理解他人，然后才能被理解。"也就是说，我们在提出自己的观点，并想要别人理解我们之前，应该先倾听并理解别人在说什么，并确保自己真的理解了别人所说的，理解他们的出发点是什么，他们的观点是什么。

- 做自己。
- 重复练习。

霍莉（Holly）的案例研究——做出实际的调整

我的一个客户霍莉，她有两个领导，其中一个是直属经理，另一个是虚线经理。两者对她的职业发展以及成功扮演自己的职业角色都有至关重要的作用。这两位领导唯一的相似之处是他们都是男性，其余的他们完全不一样——一个喜欢看细节，另一个喜欢看全局；一个喜欢控制，做决策，另一个喜欢让我的客户做所有的决定；一个要求频繁沟通，另一个只在需要时才沟通。我的客户要想成功，要想受到尊重，要想得到支持并让他们都喜欢和她之间的互动，就要在与这两个截然不同的领导互动时调整她的方法。为了弄清楚如何最大限度地处理好她与这两个

> 领导的关系，我们从她自己开始（这就是为什么本书的第1部分是"内在"），先让她了解自己，真正的她是什么样子。然后再分析她的两个领导，并尽可能地了解他们（虽然不能成为经理本人，但是她在尽自己所能地了解他们每一个人）。正是对领导所做的这种分析，让她真正理解了他们两个之间的区别，并弄清楚了他们在互动时的偏好分别是什么。接下来我们搞清楚了她在工作和生活中哪些地方注重细节/亲自上手/掌控局面，在哪些地方关注全局/愿意放手/下放权力。比如，面对团队中一个不太稳定的新成员，她总是亲力亲为，关注细节，她会跟进，问很多问题，分析各种选择。而对自己家的家庭装修则置身事外，让丈夫处理家庭装修的大部分事情，而她只负责验收最终结果。通过观察和感受自己内心的这两种差异，她可以适当地挖掘这些差异，从而在与两个领导打交道时表现得更加真实。

另一个关于做出实际调整的观点是即兴喜剧（或即兴表演）中经常教的一个概念。因为在即兴喜剧表演中，无论与你同台演出的人向你抛出什么梗，你都要接住，并且让观众觉得你的搭档表现很好。那就要用"是的，而且"句式。在别人所说的话或所做的事中找到一些你认同的东西，并以此为基础继续下去。在即兴表演中，演员必须这样做，因为如果他们拒不接受搭档所说的，节目就会陷入来回地说"不，是这样""不是，是这个""不，这样的"局面，从而丧失娱乐性。你甚至可以说"关于你说的，我喜欢……"来强调你从别人分享的东西中有所收获，并可以借此创造新的东西。有一个类似的观点叫2%的真理——从对方所说的话中找到2%的真理，并以此为基础继续交谈。这种方法更具有协作性，对对方来说，这比完全否定他们的观点更有激励作用。找到那2%的真理，不要自己编造，因为那不真实。

下面是一个零售企业的例子，是我在写这一章的时候无意中听到的：

> 经理案例研究——说"是的，而且"
>
> 一位商店经理对营销总部提供的一些标识做了数字化修改。当他把修改结果拿给市场经理看时，市场经理对他的做法并不满意，因为他不像市场经理的团队那样提供了专业的解决方案。但是市场经理的回应非常好，她问：

"你这样做背后的原因是什么？"商店经理说："我要能对我所在地区发生的一些热点事件做出快速回应，这样传播的相关性才更高。"于是市场经理在简单说了几句，比如这样做不专业，违反了品牌准则后，便提出说看看部门是否可以给商店提供一个模板，供他将来使用。如果市场经理用"是的，而且"句式的话，她可以说："是的，我知道你需要进行本地化，并迅速采取行动，让我看看我们怎样可以为你提供一个模板或软件来帮你实现这一点。"有客户问："这难道不是操纵吗？"《牛津英语词典》对"manipulate（操纵）"的定义是："熟练地处理或控制（工具、机制、信息等）；巧妙地或不客气地控制或影响（人或情况）等"。所以，是的，这是操纵。可那又怎样呢？如果你在做你自己的同时得到了你想要的，而且对方也受到了很好的对待，那完全可以操纵，何况对方的需求也得到了满足，何乐而不为呢？问题是互动背后的意图；如果是为了正当的目的，那操纵是可以的，如果是为了不道德的、邪恶的、不正当的目的，那操纵就不可取。

🔖 扮演和实验

语言可以对一个人的态度和接受能力产生巨大的影响——无论是你自己的语言还是别人的语言。我的客户经常告诉我，他们不得不与自己某个员工"进行一场艰难的谈话"，希望我就如何进行这场谈话提供一些帮助。如果他们自己认为这将是一个艰难的谈话的话，那它大概率就会是。我一开始问他们想要什么样的生活——比如"有趣的、有成就的、有益的、鼓舞人心的、有权力的以及刺激的"等。如果把这个问题换成"想和员工进行一次谈话，讲清楚自己的期望并取得相互理解"，应该怎么去谈呢？我让他们思考不同的表达方式："需要进行一次谈话，应该进行一次谈话，或不得不进行一次对话。"这意味着可能这场谈话早该进行了，不过现在也还不算为时已晚。所以除了谈话内容，谈话时间他们应该尽早安排，而不是拖到很晚。我的前夫说，他讨厌我说"我们需要谈谈"（那是在我开窍之前）。当我说这句话的时候，我通常已经到了忍无可忍的地步，就好像我已经越过了一条我心里想象出来的线，这条线代表"很严重了"。现在，我学会了在出现一两个让我感到不安的迹象时就分享我的想法或感觉，无论分享的话题是否让人感到体贴，而且我还会请我的伴侣帮我厘清我到底怎么了以及如何解决。想象一下，如果我以前这样说："我需要你的帮助，请你帮我梳理一下我的焦虑源于何处，你现在有时间吗？"人都喜欢帮助别人，我请求他的帮助，就表示我也知道这是我的问题，而不是他的问题，因此不会错怪他或责备他。

对话时的开场白和"做出实际调整"有什么关系呢？用扮演和实验的语言来练习做出实际调整。使这个过程变得有趣。要勇于尝试，不要太追求完美。扮演没有所谓的正确或错误，它是一种享受此时此刻的状态。实验也是如此，实验是检验理论和发现新事物的过程。正如爱迪生所说："我没有失败。我刚刚发现了10 000种行不通的方法。"在一次青年企业家大会上，20多岁的青年企业家提出了具有社会良知的创业构想。在会议上"支点"一词被用来描述他们在发展或进步方面所做的努力。当在前进的过程中遇到僵局、壁垒或阻碍时，他们会转向。他们认为这不代表失败或终结，而仅仅代表他们需要朝另一个方向前进，探索另一个角度或可能性。这就是我对你的建议。尝试做一些事情——问一个你以前不会问的问题，交流时补充背景信息，哪怕它对你来说是不言而喻的，并和对方确认一下，如果没成功，你可以再次尝试或者改变策略。你可能会发现对方对你的新行为感到惊讶。所以，如果没有成功，可能只是因为他们对发生的事情感到震惊或不确定。如果你愿意，你可以说出来，例如："我正在尝试一些新的沟通技巧，现在可能不太管用。在分享任务之前，我想先试着告诉你们事情的背景。我怎样做效果才能更好呢？"或者，你也可以和同一个人多尝试几次，看看他的接受能力是否有改变。你也是花了时间消化新的、不同的想法的，所以也给别人一些时间去消化。

实验和扮演的要素

- 和谁——从风险较低的人开始，比如不会让你变得太情绪化的人。餐馆老板或服务员或者其他容易接触到的为你提供服务的人。找风险尽可能低的人，低到也许你再也不会见到他们了。和你通电话的人也是很好的对象。孩子们总是乐于扮演，你可以跟着他们的指挥来进行。

- 拿什么试验——你自己、别人、你们之间的关系、价值观、感情、交流偏好、优势；提供背景信息、使用赋权型语言；使用开放式问题、停顿、慢下来、沉默和你们每个人相对于河流（谈论的主题）的位置、支点。

- 什么时候试验——在互动中要先发制人或者更早，而不是等问题积重难返的时候再解决。经常练习，现在就行动。

扮演很重要的一点是不仅要弄清楚对方，还要弄清楚真正的自己。扮演好你自己，尤其是处于最佳状态时候的你，扮演好你努力想成为的人，那一直以来都是更好的自己。

本节挑战

从今天开始对话，目标是与他人互动时根据实际情况调整自己，以实现你想要的。至少每天尝试做出一次实际调整，连续坚持五天。

关于实际调整请留意其他人——当他们表现得真实的时候，他们是谁？他们是如何调整使自己适应其他人的？这里的其他人可以是同事，可以是新闻中的人物，也可以是某个电影或者节目中的人物。观察两个人之间的互动；每个人相对于"河流"的位置在哪里，谁在向另一个人走去，谁搭建了两个人之间的桥梁，谁没有这样做？你从抵抗交流或专横地对待别人的人身上学到的东西和从毫不费力地在人交流的人身上学到的一样多。

想想你经常与之互动的人，然后建立他们的资料，包括他们的偏好是什么，需求是什么，想要的东西是什么。最好先从你的老板，你的搭档或者与你有利益关系的人开始。在五天的扮演或实验之后，你要坐下来反思。

每次做都要思考：

▶ 通过实际调整，你了解到关于你自己的哪些新的东西？

了解到关于别人的哪些新的东西？

▶ 哪些方面效果很好？你在哪些方面还需要什么练习？

▶ 做出实际调整产生了什么影响？可以是有形的（关于某件事人们对你说了什么），也可以是无形的（你感觉到的）。

▶ 扮演和表现的区别是什么？

▶ 关于其他人的实际调整你注意到了什么？什么调整起作用？什么调整不起作用？

▶ 就你自己的能力/舒适度而言，第一天与第五天相比，你注意到了什么变化？

原则7　达成人际交往的平衡

　　从定义上讲，人类的互动是复杂的。是两个截然不同的人之间的互动和交流。同时，你在与别人互动的时候，你与自己之间也存在互动——你和你的情绪、思想、感觉交流。另一个人在自己的内心也进行着与自己的交流。在与另一个人互动时，我们不会暂停我们的思想、感情、观点、经验或个人成长机会，当然对方也不会。与他人互动时你如何表现（你的行为和意图）是你唯一可以控制或者被影响的东西，至少最初是这样。

　　可能你富有智慧。你工作了几十年，拥有丰富的经验，你升了几次职，并且希望在退休之前能有再次升职的机会。到目前为止，你的职业生涯一直很成功，可能你在个人生活方面也是如此。你的成功大部分都来自艰苦卓绝的努力、投入大量时间、及时完成工作并且不断鞭策自己。我凭什么说你应该更换你成功的模式？也许是你所在组织有人说你需要改变或应该稍微有所纠正？

　　平衡原则并不是要你抛弃所有让你达到今天这种状态的

东西，完全不是。相反，它是要我们吸取所有好的方面，再加入一些互补的想法或行动，以变得兼容并蓄。这是给我们的工具箱中添加工具。如果你想要砍树，锤子帮不了什么忙，但电锯、横锯、斧头会是不错的选择，具体选择哪种工具根据情况而定。我们还是用舞蹈隐喻来讲，你会的舞蹈越多（华尔兹舞、狐步舞、萨尔萨舞、马卡丽娜舞、弗洛斯舞），你的潜在舞伴就越多，共舞的可能性也就越大。成功的技巧也是如此，尤其是当你在一个组织中向上发展的时候。高级领导者需要了解所有职能领域，如财务、运营、人力资源、合规、营销、研究等，以增大成功的可能性。他们的软技能也是如此；领导者与不同的人互动的技巧越广泛，他们成功的可能性就越大。

➤ 什么是平衡

平衡就是让不同的事情按正确的比例进行，从而让整体更稳定，而不会向一边倾斜或者不平衡。想象一下跷跷板，双方都需要有相似的重量，游戏才能进行，才有乐趣。否则，一端砰的一声掉到地上，游戏就结束了。跷跷板游戏的真谛也不是平等或者两端的重量完全相等。

对于软技能领域，即两人或多人之间的互动，我们已经讨论过说和听了。平衡原则是要你认识到，你需要根据当时的情况和涉及的人，在听与说之间保持平衡。平衡是指扩展你的人际交往技能，这样你就可以按照你的需求来使用合适的技能，以提高你的效率。平衡是指在特定情况下选择恰当的比例。将它看成一个连续系统，一端是听，另一端是说（图3-1）。有些情况下只需要听（比如同事的孩子病得很严重），有些情况下只需要说（比如发生了火灾，需要立即撤离），大多数情况既需要听也需要说——关键是如何在听和说这两极之间保持平衡。

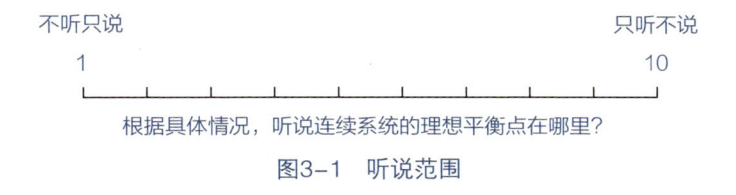

不听只说　　　　　　　　　　　　　　　　　　只听不说
1　　　　　　　　　　　　　　　　　　　　　　10

根据具体情况，听说连续系统的理想平衡点在哪里？

图3-1　听说范围

关键是找到你自己听和说这两个不同技巧的平衡点，并且根据你目前面对的人和所处的情境做出最佳选择。

🔖 平衡什么

正如我们在前面部分所确定的那样，你在与人互动时有一些自然倾向或偏好。有时，面对特定的人或情境，如果你将自己的这些倾向或偏好与其他一些行为相平衡，那么会取得更好的沟通效果。如果你一直很善于分析，那你可以通过讲述故事来平衡，让自己的讲述更富有多样性或吸引不善于分析的人。下面是一张清单，这张清单可以帮助你练习平衡，增加你工具箱里的工具储备。

1. 平衡的内容及方式

在工作中你的关注点是完成工作，并带领员工完成工作——无论是引入新业务，为大型全国零售商运营分销业务，监督跨国公司的所有IT系统，还是未来十年的领先产品开发。你需要完成任务，并让其他人完成任务。为了圆满完成任务，你如何与员工互动，在不同情况下的差异是很大的。你可以像个独裁者一样，直接告诉他们该做什么以及怎么做。你也可以问他们想做什么，想怎么做，想什么时候做，付给他们多少钱才愿意做。正确的做法可能介于这两种角色之间，怎么可能两者都有呢？你怎样与人互动才能在完成任务的同时，还能加深与他们的关系，或者至少保持与他们的关系？这就是最终的平衡——平衡软技能和硬成效，使它们能够共存。

当你处在一个新的环境或有一个新的团队成员或者你有了一个新老板时，在把工作做好的同时，将建立关系放在重要位置是有益的（图3-2）。我的一些客户在有了新的团队成员或者新的老板之后，会从项目审查会议开始就与他们互动，在会议上分享所有的工作进度。这一点很重要，因为老板付给你薪酬就是为了取得结果，而你的新老板可能领了更高的薪酬，需要产出更多结果。通过培训，我的客户经常意识到，大多数成功（或失败）都是由于人际关系，因此需要优先考虑人际关系本身。我参加的任何一对一培训的第一节课都包括"联盟设计"——我们将一起做哪些工作，我们希望以什么方式"在一起"——什么能让我们每个人都发挥出最好的一面？联盟设计是关于目标、角色和互动方式的公开讨论，其目的是让联盟中的每一方都喜欢，并且让客户取得成功。例如，为了让我自己处于最佳状态，从而带给我的客户最好的培训，我需要客户允许我打断他们的讲述。我这样做并不是粗鲁，只是我没有客户想象的那么需要知道正在发生的"故事"，我关注的重点是"所以后来怎么样了？"在这个故事中，什么对客户来说是最重要的？这样做符合我追求效率的价值观，也让客户能够充分利用我们在一起的时间，让他们支付的美元（或英镑或欧元）价值最大化！如果我没有提前告诉他们我会打断他们，他们可能会感到受伤、感到被催、觉得我没有听、认为我需要向他们道歉或者认为我做错了，这些都不是我们想要的培训规矩，而且也没有什么用。通过公开讨论并就我们如何一起工作达成一致之后，我们就可以监控我们在整个培训过程中的表现；如果感觉有什么不对劲的地方，我们可以进行讨论，因为我们在一开始就达成了基本规则。

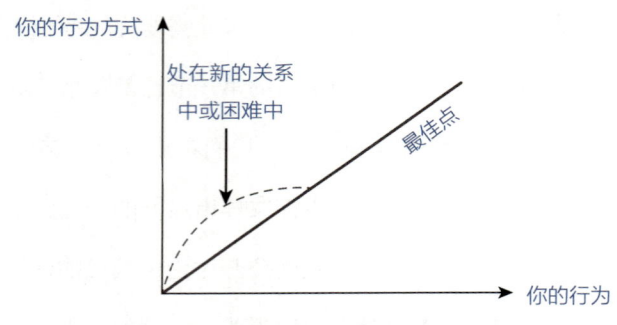

图3-2 行为与行为方式的平衡

（1）"行为"或以任务为中心的行为

为了更好地管理任务，你可以做以下几件事：

- 自己动手。

- 讲述完成任务的方法，并给予指导。

- 明确责任。

- 监控进度。

- 设定关键绩效指标（KPI）、一般目标、团体目标、精确指标。

- 设置时间表/截止日期。
- 评估、分析。
- 做出决策。
- 跟进、控制。
- 弄清楚阻碍或障碍。
- 权力下放。
- 报告要与现状相符、要不断更新、要基于事实。
- 管理风险。
- 测量、分配。
- 采取纠正措施。

（2）"方式"或以关系为导向的行为

以下行为可以用来有效地管理员工并与他们建立关系：

- 努力理解员工。
- 对员工表现出兴趣。
- 有同理心。
- 与员工合作。
- 照顾员工。
- 给予员工反馈或接受反馈。
- 庆祝成功，表达欣赏。

- 从错误中学习。
- 指导员工。
- 分享目标和原因。
- 用心倾听。
- 鼓舞人心、吸引参与。
- 创造并交流愿景。
- 开玩笑、大笑、表现出幽默感。
- 散发魅力。
- 袒露自己，可以表现出脆弱。
- 谈论感受和情绪。
- 活在此时此刻，对待员工要耐心。
- 支持员工，保护员工，赢得员工拥护。
- 不排他。
- 感知、引导、信任员工。
- 下放权力。

2. 背景和内容

背景是向员工解释整体的想法，让他们知道正在做的工作基于什么样的背景。这是在给他们的工作提供大的框架。通常，需要完成的某项工作或某个任务可能是组织愿景或目标所在。背景是指人们所做的事情背后的原因,它有助于人们理解为什么他们要做他们正在做的事情。因此,内容是指需要完成的特定工作、行动或任务,是日常工作事务,是需要完成的对象。背景不必像公司愿景那样宏大,它可以很简单,就像你为什么要问或要说某个事情。比较恰当的一个类比是粒子和空间。粒子就好比是细节或特例,空间是这些粒子所处的环境。想象一个特定项目的状态会议。粒子包括位置、时间、议程事项以及每个进行中的事项的状态。空间包括从一开始为什么要召开这个会议,会议讨论的目的是什么,项目想得到什么样的结果,以及这个会议为什么重要。

  这个概念让我大开眼界,我自己对粒子(细节)非常熟悉,以至于我忘了,其他人又不是我肚子里的蛔虫,他们并不知道粒子在更大画面中的位置(图3-3)。我带领一个小组,目的是帮助他们实现小组成员之间更好的远程沟通。他们正在商量着确定打虚拟电话的频率,并分享他们在每一个私人目标上的进展。他们一直纠结于小组规模,不同的人希望的通话频率也不一样,并担心自己会被迫做一些不想做的事情,或者怕自己会被公开抵制。组内弥漫着挫败感和攻击性,还有一个人双臂交叉坐在那里反抗。我让每个人把他们的名字写在挂图纸上的靶心示意图上，靶心标记为"频繁"，五环中的最外圈标记为"偶尔"。休息后，我根据他们名字在靶心示意图上的位置将他们分成了三组。他们对于自己为什么被分配到自己所在的组感到迷惑、愤怒甚至反对；我没有告诉他们我是按照他们的名字在原则3中介绍的靶心示意图上的位置来分组的。因为对我来说这是不言而喻的，还有就是我也没有把它与活动挂图联系起来。所以，当我向他们解释了这个背景后，他们很高兴与和自己想法一致的人分在一组。然后我给他们规定了他们应该做什么："小组内决定你们希望组员之间如何相互沟通。"

他们轻松愉快地确定了会议的程序，包括日期、时间、方式、主题、持续时长。他们很激动，而且全身心投入，因为这完全是他们自己的决定。然后每组分享他们组与其他组观点一致的地方，而且有两个人换了小组，因为另一个小组的时间表更吸引他们。然后整个大组毫不费力地确定了三个小组之间最终的交流机制。

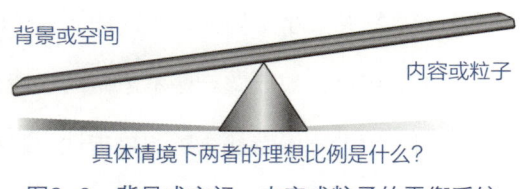

图3-3 背景或空间、内容或粒子的平衡系统

3. 存在（Being）与作为（Doing）

我们是人类！人类在英语中是human beings！想想我们做的那么多那么多的事情，就发现我们其实不理解什么是人类。我们总是不停地在做事：工作、家庭、锻炼、好玩的活动、社交媒体、手工、阅读、与孩子玩、通勤、洗衣服、购物、交友、查看电子邮件、睡觉、淋浴、冥想、度假、做饭、吃饭、庆祝、跑腿、看医生、监督家庭作业、做园艺、上厕所、做规划、去银行……我还可以继续列举下去，你知道我的意思。

正念、冥想、意向性和灵性现在在大众媒体中出现的频率越来越高，已经进入我们的日常用语。有关生活的"Being"元素的书籍、课程、应用程序和文章激增。商学院甚至开设冥想课程。存在（Being）的状态是一种品质，是你当下的本质，而不是一种目标或成就。比如表现得快乐就是一种状态，而不是目标。关于这点我建议你平衡"存在（Being）"和"作为（Doing）"（图3-4）。你的存在状态会影响你的感受，也会影响其他人与你互动时的感受，还会影响你的成功。举个例子来说明：你的老板疯狂地给你打电话，要求你分析最新的数据，因为企业高管要求这么做。当你把该任务委托给数据分析师的时候，以下你的哪种状态对分析师来说最有效：

a. 匆忙、压力大、需要帮助。

b. 引人入胜、效率高、清楚明确。

c. 有指导性、彻底、严肃。

b或c都有可能是答案，视情况而定。具体是哪一种，这取决于分析师，取决于分析师是经验丰富、可靠还是新手、不自信。如果分析师是前一种情况，他们可能会以更高的参与度和效率给你最佳回应，因为他们有信心，他们可以满足要求的紧迫性。如果是后一种，他们可能会感激你的直接和严肃，因为你帮他们确定他们做对了，并且让他们理解了任务的重要性，你也会因此更自信，因为他们是新手却能把任务完成得这么好。

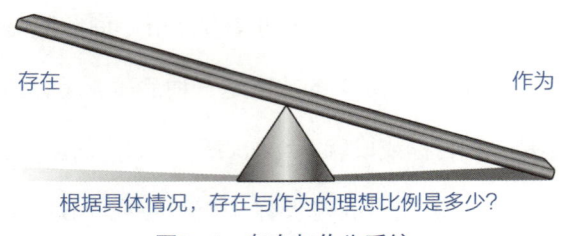

根据具体情况，存在与作为的理想比例是多少？

图3-4　存在与作为系统

去年我开始写这本书的时候，我身体出现了一系列的健康问题，倒没有什么灾难性的，但是足以影响我的日常生活了。其中一个问题就是肺炎。它把我搞得每天昏昏沉沉。我没有住院治疗，我专注于做客户的工作。卧床或躺在沙发上的时间是我最重要的时刻，因为此时我的身体做不了其他任何事情。在肺炎期间，我和别人合作带领了一个领导力课程的项目，另外我每周还与一小群参与项目的学员进行电话交流（我接电话，没有打电话），与他们讨论必要的课外阅读和家庭作业。在这两个月里，我明白了，有时候只要存在就足够了。我没有做任何准备就去接电话，这与我之前的行事风格很不一样。我的一贯模式是做很多准备工作，把一切都弄清楚，回答所有问题，确定我想进一步讨论的领域。很多事情我都在做，而且大部分时候是我自己一个人在做。肺炎迫使我只是出现在那里即可——我出现在电话旁倾听，学习，做我力所能及的事，集中注意力，最大限度地融入群体（部分原因是他们精力比我充沛）。而且因为接电话这一件事就花了我所有的精力，我倒是能够更专注于当下做的事了，很少分心，也不会因为想着其他事情而一心多用。我学到了很多，因为我对别人的想法保持开放的心态，很容易接受。大家的反馈是我的贡献很有价值，即使我只是在思考，而并没有做任何的准备工作！这比我之前一味做事时候的经历轻松多了，也丰富多了。

4. 大脑和心脏

在思考和感觉之间有一种平衡，即理智与情感的平衡，不管对你还是其他人都是如此。在某个特定时刻你的感觉如何？你在想什么？对于那些与你互动的人来说也是如此——他们感觉如何，他们在想什么？这说明情感与理智一直存在。事实上，情感和理智最终决定了我们如何看待生活（图3-5）。在工作中，我们倾向于优先考虑理智，希望解决方案是明智的，是以事实为基础的。但是我们却经常忽视情感在决策中的重要性。通常，我们会对应该做什么有一种直觉或感觉，然后我们会寻找证据来证实我们的直觉（在许多情况下是无意识的）。这被称为确认偏差。这就是为什么意识到自己的想法和感觉很重要，因为它确保我们"看到"了所有可能性，而不仅仅是我们想看到的。

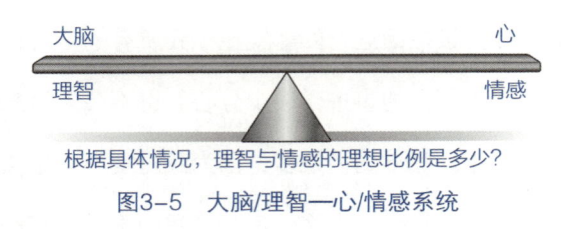

根据具体情况，理智与情感的理想比例是多少？

图3-5 大脑/理智—心/情感系统

直觉似乎是一个感性的概念，对于一个严肃的商人来说似乎有点太不正式。神经科学家发现直觉可能有科学依据。人体最长的颅神经被称为迷走神经。它起于腹部，连接所有主要器官，如肠、胃、肝、脾、胆囊、肺和心脏，然后进入脑干。

这个迷走神经通过这些主要器官在肠道和大脑之间传递感觉信息。所以有理论认为，我们称为直觉的东西是我们某个核心部位受到的实际性刺激通过迷走神经传递到了我们的大脑。因此，似乎有越来越多的、以事实为基础的信息证明，听从直觉是正确的。

5. 左右大脑半球

可能你已经开始注意到需要平衡的各种元素之间的相似点。

大脑左半球控制身体的右侧。如前所述，左脑的功能包括逻辑、推理、分析、语言、书写、细节、推进事物和数字。右脑控制着身体的左侧，与艺术、创造力、音乐、整体观、直觉、视觉、更深的意义和直觉有关。许多人都是偏向于用一边，比如我偏向于用左脑，因此我能写一本书，并附上模型和列表来阐述事实。你更偏向于用哪边大脑？要留意，不要让你过度受到事实的影响而忽视了你的创造力，反之亦然。

如何平衡

平衡并不是放弃你的自然倾向或首选项。也不是改变你自己。平衡不是从一个极端走向另一个极端的连续系统。正如伦敦商学院丹·凯布尔（Dan Cable）教授所说，平衡是指在一个框架内拥有灵活性。你想要以什么样的方式存在以及你想与和你有利益关系的人创造出什么结果，确定一个框架蓝图，然后在这个框架内尽情发挥。

（1）了解你自己和你通常的反应或习惯性倾向（第1部分）。

（2）确定哪种倾向能带给你更多的成长机会。例如，你倾向以任务为导向，那你的成长拉伸区可以是以关系为导向的。从积极的角度来定框架，比如专注于你想要练习的，而不是你想要避免或逃避的。

（3）抓住一切可能的机会与任何可能的人实践你的成长机会。比如高级项目要求学员与反对自己的人或者用超出自己舒适区的事情进行练习。

（4）留意影响。留意你可能会对别人产生什么样的影响。练习一件事情对你有好处，这说起来很容易，但是在你又忙又充满无形压力的一天，你怎么可能做到练习一件以前没做过的事情呢？当我们有压力的时候或者时间紧迫的时候，我们倾向于采取以往的老习惯去缓解压力。

（5）你可以腾出一些额外时间进行练习，而不要在两场会议之间感到紧张时进行。比如当你与其他小孩的父母或你的孩子站在边界线旁，观看橄榄球比赛时。也就是说你在保持正常的生活节奏时进行练习即可,而不需要在已经很忙的日程安排上再加上新的一项,专门来练习。

(6)随身携带一个视觉提示物或你想要实现的目标的结构图——可以是你日记里或手机上或马克杯上的一张图片,描述你想要成为什么样的人或想要练习什么。图像或者视觉提示物可以提醒你,你想要实现的平衡对你来说意味着什么。

(7)询问一位值得信赖的同事,可以是人力资源合作伙伴,问他们在会议中或互动中观察到的你是什么样的。也许他们在茶水间听到了关于你的评论,可以跟你分享。

本节挑战

执行上述平衡练习的七个步骤，并在执行期间：

- 确定你作为领导者想要在哪些方面拓展自己，以便实现更好的平衡，为你的工具箱中添加更多的工具，你做回应的选择范围也会更广。
- 与你感觉安全的人一起练习——包括你信任的人以及信任你的人，如朋友、家人、共事多年且受人尊敬的同事。
- 留意你产生的影响。
- 根据需要重新找适合你的方法——不是因为现有方法让你感觉不舒服，而是因为它以后有可能让你不舒服。尝试做不同的事情。
- 重复练习。

在五天的扮演或实验后，坐下来反思练习。

每次都要反思：

▶ 通过更平衡的方法你了解到关于自己的哪些方面？关于其他人你又了解到了什么？

▶ 你在哪些地方做得很好？哪些地方你还需要练习？

▶ 练习对你产生了什么影响？可以是有形的（其他人对你

说了什么），也可以是无形的（你感觉到的影响）。

▶ 你试图平衡的各种事物之间有什么不同？

▶ 关于其他人的回应范围你注意到了什么？哪些练习有效？哪些练习无效？

▶ 就你的能力或舒适度而言，第一天与第五天相比，你注意到了哪些变化？

原则8　既要勇敢又需表现出脆弱

虽然这是第3部分的最后一个原则，但却是重要的。它可能是之前所有原则的基础，如果要我说的话，就算它不是你生活的基础，也是你软技能提升和成功的基础！这个原则要求你完全袒露自己，尝试新事物，冒着犯错误的风险，哪怕那样会让你看起来很愚蠢，或者你感觉不舒服。如果不能拥抱脆弱和勇气，那么这本书中的想法就只是想法，而不是机会；挑战也只是语言，而不是改善工作和生活的可能性。我希望这一部分能激励你尝试挑战一些东西，并不断尝试。

勇气

让我们从《牛津英语词典》对勇气的定义开始："在不表现出恐惧的情况下做危险的事情的能力，或者敢于面对痛苦或敢于反对的能力。同义词：勇敢。"

所以，勇气并不意味着没有恐惧，而是尽管有恐惧但依然能够继续前进！拿办公室的工作环境来说，我们很少会面临真正的身体上的危险。我们需要勇气更多的是为了面对反对、面对被别人评判的风险或担心,而不是为了面对危险的环境。事实上,大多数人最大的恐惧是被(包括别人也包括我们自己)评判。老板们每天面临的五大恐惧都源于被评判:

- 冒名顶替综合征,即害怕被发现不称职(这是最让首席执行官感到恐惧的)。

- 看起来愚蠢。

- 显得脆弱。

- 政治攻击。

- 成绩不佳。

作为一名高管教练,我经常听到这样的不安:"我不够好。我担心自己显得软弱或脆弱。我害怕犯错误或被人发现不够聪明。"客户愿意与我分享这些,因为我们是指导关系,指导关系是一个安全、保密的空间,他们通常很少有知己,他们也不会冒险将这些恐惧分享给别人,也没有人会理解。我并不是要去消除这些恐惧,而是想弄清楚他们这些恐惧背后的原因是什么,这样就可以帮助客户提高他们的能力。我还用证据,比如上述提到的清单,向他们保证,让他们不要太担心这些恐惧感。通常,首席执行官和常务董事们发现和他们职位相当的人也有同样的感觉,还发现有这样的感觉其实是很正常的。对此他们感到非常惊讶，因为他们一直以为只有他们才有这样的感觉。

勇气或勇敢在组织的各个层面都是必要的。现在，随着世界范围内普遍存在的不确定性、波动性和越来越快的变化，就更是如此了。昨天起作用的东西今天可能已经不起作用了，即使依然起作用，也可能有了不同的作用方式或效果。组织需要不断创新以保持与时俱进，这就可能会导致风险或失败。让我们来面对吧，组织本身无法冒险，因此组织中的人必须要创新，并且承担风险；换句话说，是组织中的人要有勇气。

在商业中运用勇气包括两个方面：

• 职业方面：敢于以不同的方式做事，敢于采取不同的解决方案。这里我说的是工作本身，比如换个制造商或信息技术（IT）系统，改变流程，使用社会媒体和付费植入式广告，而不是传统的30秒电视广告。这些改变给人感觉风险更小，更容易接受，也不需要太大的个人勇气。

• 个人方面：敢于与众不同，敢于脱颖而出，敢于违背常规，敢于袒露自我。有提出问题的勇气，有勇气反对现状，有勇气站出来做决定或确定一个前进方向。做这些事情会让人感到害怕，或给人冒险的感觉，而且对个人会产生巨大的影响。

正如其他品质一样,勇气既有积极的一面,也有消极的一面。勇气积极的一面是强大、勇敢、不断进步,消极的一面是鲁莽、傲慢和愚蠢。我在这里提倡的勇气是从积极的一面出发的,以便帮你提高效率,发挥你的潜力,在人生的旅途中收获成长。因为情商和个人成长都需要勇气。

作为一名教练,我也有感到不安全的时候。有时我在培训课上提出一些有风险的事情,我自己都必须鼓起勇气。当我们设计联盟时,我通常会在第一次指导课程中进行设计。在最初的会议中,我问客户,他们是否希望我分享我们在一起工作时让我感到震惊的感觉或直觉。即使我与他们分享了,那一刻我仍然会感到害怕,这取决于我感觉到了什么。我试着用一种探究或反思的方式,而不是用宣告的方式来表达。在一次小组辅导课程中,因为只是短暂干预一下,所以课程没有明显的合作设计。当时我对一个参与者有一种感觉。他在跟老板谈信任,但是我觉得他本人不值得信任。对此我该怎么做?就在那一刻,我脱口而出:"对于你们关系中的不信任,你有什么责任?"我这样问的效果并不好。我得到了教训,即教练应该表现出理解支持而不是对抗。我感到一阵羞愧,担心对其他学员产生我无法消除的影响。

还有一次，我和一位客户进行了一对一会谈，他对此做了充分的准备。他决定谈谈自己的高管身份，因为他刚被提拔到高级职位。当他说话的时候，我感觉到有什么东西压在他身上。于是我问道："对你来说现在还有其他更重要的事情吗？"他说"没有"，接着继续按照他的思路讲述。我打断了他的话，说："我认为有，只是我无法明确地指出来。你继续讲吧。""没有。"他又说。我就像一面镜子，真实地反映出了他当时的样子，我问道："发生了什么事？""这样的情况在你生活的其他地方也会出现吗？"他一动不动。我的破坏者思维来了——也许我搞错了，我是谁，凭什么我说我们应该谈论什么就谈论什么，一个好的教练会明白这个问题。于是我说，他是在谈论当前那个话题，但他本人并没有全神贯注于当下，我猜想他应该是感到不自在，他正因为家里的人悲伤。接下来是一阵寂静。他的眼睛向上看。此时此刻，作为一名教练，保持沉默是关键，让客户有机会沉思并感受自己的想法。他的情绪激动起来了，开始谈论他的家庭以及新工作对他和家人的影响——最重要的话题，不是关于职业，而是关于个人的。正如他在会议结束后发邮件跟我说的那样："关于如何平衡工作和生活以及家庭一直是我的一大困惑。今天的会谈对我理解这个问题的帮助很大。我要带着隧道尽头的光明回家。"

脆弱

《牛津英语词典》将脆弱定义为"在身体或情感上受到攻击或伤害的性质或状态"。乍一看,这似乎与一本讲述领导力的书并不相干,但它却是软技能、情商和真正领导力的基础。绕过布伦·布朗（Brené Brown）讨论勇气和脆弱是不完整的。如果你还没有看过她关于脆弱的TED演讲,现在就停下来去看,看完后回来继续完成阅读。她说,脆弱在有意义的人类体验里处于中心或核心的位置。她这样说是以她在休斯敦大学担任教授多年的研究为基础的,并且她在她的许多畅销书中分享了这一点。勇敢无畏,敢于领导是我最爱的两点。她发现,阻止人们表现出脆弱的是羞耻感——担心不值得被尊敬。羞耻感是我们的一种感觉,就像感觉自己是个坏人一样,内心充满不值得被尊敬的感觉。人们可能会将羞耻感与尴尬或羞辱混淆。然而,它们是不一样的。羞耻感源于个体在身份层面对反馈做出的反应（参见第2部分）或布伦所谓的"自我对话"："我们体验这些情绪的过程可以归结为自我对话。对于发生的事情我们如何与自己交流。"有羞耻感的自我对话是："我是一个可怕的人。"羞辱感会让你觉得不应该是自己承受:"这不公平。"尴尬通常是短暂的、情景化的,而且经常会比较有趣:"我真傻,傻到家了。"

脆弱是指袒露自己,冒着风险分享一些可能会威胁到自己职位或地位的东西。这与软弱完全是两回事。软弱是指缺乏执行能力,或有缺陷或局限性。罗布·戈菲(Rob Goffee)和加雷斯·琼斯(Gareth Jones)在他们的著作《为什么别人应该被你领导?》(*Why Should Anyone Be Led By You?*)中指出,表现出可以接受的软弱,是显露脆弱性或真实性的一种途径。首席执行官可以在公共演讲方面表现出不擅长,这一点沟通教练会帮助他改进。然而,他不能说自己"不擅长数字"。他在做演讲时可以表现出有意识的脆弱。但是他在工作中绝不能表现出关键性的缺陷。因为前者是关于自己的,属于私人或私密的东西,而后者则是能力上的缺陷。

上周,我在和我的一个长期客户交流的时候感觉有些东西他没有说出来。我们一直在一起努力,帮他实现成为首席执行官的愿望。他在领导力培养和工作责任感方面取得了很大进步。我问:"你没有说出来的东西是什么?"他的回答是:"我觉得那正是我可以表现出脆弱或分享恐惧的地方。"我提醒他，我们的合同是完全保密并且安全的。他慢慢地袒露了心声："也许我并不想成为首席执行官。"他认为，承认自己可能并不想要他坚持了多年的梦想，或者让自己承担这个想法的一切后果，很可能是有风险的。

我还有一个关于脆弱的例子，是我自己的。那是我第一次约会，似乎进展得很顺利。我和约会对象相互分享自己的故事，他哽咽着说他滑雪时发生了一场严重的事故。其间他为了让自己镇静下来，停顿了一会。我伸出手放在他的胳膊上，让他知道他不是孤单一人。他尝试放松气氛，所以他问起了我在加拿大的父母，当我说我父母已经去世了的时候，我喉咙哽咽，泪水夺眶而出。因为他在我面前表现出了脆弱，我也在他面前展现了脆弱，我的情绪出乎意料地"排解"了。

脆弱性要求既信任别人也信任自己。你要信任那个在你面前表现脆弱的人。你也要信任你自己，你有勇气去袒露脆弱，并且能够处理好你袒露之后发生的任何事情。

勇气和脆弱是同一枚硬币的两面

勇气和脆弱是同一枚硬币的两面，因为如果你不够勇敢你就不可能敢于袒露脆弱，反之亦然。冒险袒露脆弱是需要勇气

| 职场软技能 |

的，暴露自己隐私的一面可能会让你受到评判、批评或嘲笑。我希望你能够认识到，脆弱绝不是软弱。

表现出脆弱并不是为了脆弱而脆弱。也不是出于操纵他人的目的而表现出脆弱。我认为，通过表现出自己脆弱的一面可以让你和同事、有利益关系的人或其他人建立更强的连接。这其实也是在做你自己，让你可以在工作中充分发挥自己，因为我们醒着的时间大部分都用在了工作上，比我们与朋友和家人在一起的时间还长。这样也可以创造一个环境，在这样的环境中其他人也愿意表现出脆弱的一面，因为有你做榜样，你为大家创造了一个安全的地方。而且这样做会创造出一个人们可以大胆地去挑战，去冒险探索的地方，这样组织才能创新和创造。你是领导者，也是阅读这本书的人，所以你需要去实践勇气和脆弱。

凯丝（Cath）的案例研究——勇气和脆弱

我指导过一个在教育界工作的女士，我们就叫她凯丝吧，我断断续续地指导过她三年。她是一名副班主任，她想成为班主任。她面临三个挑战，这三个挑战都源于个人自信：

（ⅰ）她看不到自己的技能而且也不知道从哪里提升。

（ⅱ）她很难做到自信地向面试官清楚阐述自己的经

历和经验。

（ⅲ）她发现很难从学生的细节问题中跳出来，从整体上为学校阐述一个愿景和战略。让我说明一点，她有经验也有能力，她只是需要相信自己。

我们通过为面试过程做准备，对她的内在信念和外在表现进行了各种练习。很多时候，她都非常勇敢。在第一次申请班主任的时候，她事无巨细地讨论了个别学生的情况，这在我们之前的培训课上都做过了。面试过程要求她提供一份简历和一份关于学校整体想法的书面文件，后面还有一对一的面试，然后是激烈的小组面试。她没有应聘成功。"太累人了。"她说，她感到失望的同时也松了一口气。评委给她的反馈很诚实也很直接："你有很丰富的经验和很好的想法，但你的表现不像一个班主任。"她感到很震惊。经过一番努力后，她再次鼓起勇气申请了另一个职位，结果也落选了。尽管评委仍然评价说："你看起来不是很自信。"但是反馈在逐渐变好。同样的事情又发生了好几次。有一次，她甚至没有进入面试的候选名单。

她决定跳槽到另一个副职，"因为我已经在应聘主管职位上失败了很多次了"。这一次她应聘了一所"更有挑

| 职场软技能 |

战性"的学校，远远超出了她的经验，也不在她的舒适区内。她最终得到了这个职位，而且慢慢做出了成绩。那年夏天校主管问她是否对领导职位感兴趣。她最初的反应是"不感兴趣，我发誓我永远不会让自己再经历那么让人精疲力竭的过程了。但我越想越意识到，我对这份工作感兴趣。所以，我决定试一试。"啊，勇敢的英国人。

"我本周接受了采访——整个过程就像我所预料的那样，很累人，但我被聘用了。我想说谢谢你在这条路上帮了我。你让我对自己更有信心，让我相信自己所擅长的，让我相信我可以做出成绩。更重要的是，你帮我认识到我可以成为一名好的班主任。"这是个关于勇气、坚韧和脆弱的绝佳例子。她敢于冒看起来软弱或无能的风险，她接收到负面反馈，她不被聘用，她感觉自己不够好。然而，为了追求自己的目标，她愿意继续把自己和自己的想法展现在具有敏锐观察力的"观众"面前。

每个人在自己的舒适区中生活都会有安全感。不过，当你走出舒适区，进入伸展区，通过实验、练习和尝试不同等行为，就会产生新的神经通路（图3-6）。把这个过程变得有趣，并将其视为实验，你就能放松你的大脑，让改变变得更容易。从婴儿学步开始；就像有句老话说"你是怎么吃大象的？"回答说"一口一口吃"，很适合用于此处。一下子改变一切会把你推向混乱区，让你崩溃，并且不会有成效。采用迭代法一点一点进步，这是一生的旅程。

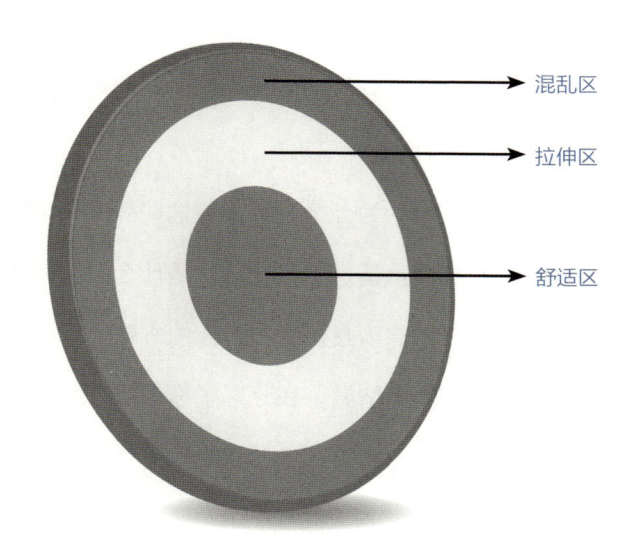

混乱区

拉伸区

舒适区

图3-6　舒适区—拉伸区—混乱区

正如一位客户所说："对我来说，学到的最关键的一点是，我要做什么取决于我：要么站在边线上，要么冒风险。毫无疑问，不用犹豫，拉伸区比舒适区更有趣、更好玩、更能激发人。"

| 职场软技能 |

本节挑战

你在哪些地方更脆弱？想想工作和家庭中可能的地方。写下一个至少包括十件事情的清单。

本周分享你清单中的两个例子。从一些安全的小事开始——比如分享你的感受（如果你通常不这样做的话），或者也可以分享让你感到不安全的地方——比如一些对你的工作或人际关系不是很关键的事情。

请你回答这些问题：为什么你想试试这些挑战？学习这些软技能概念对你和你的生活意味着什么？是什么促使你读这本书？这对你来说重要的原因是什么？当你的右脑处理各种挑战时，给你的左脑找一些事情做。在分享了你的两个弱点之后，坐下来反思一下这一做法。

每次做都要反思：

▶ 通过变得更脆弱或更勇敢，你了解到自己的什么？了解到他人的什么？

▶ 你在哪些地方做得很好？哪些地方你还需要练习？

▶ 表现出脆弱对你产生了什么影响？可以是有形的（比如关于这一点别人对你说了什么），也可以是无形的（你感觉到的影响）。

▶ 你尝试的各种事物之间有什么不同？

▶ 关于其他人的勇气和脆弱你注意到了什么？什么有效？什么无效？

▶ 就你的能力或舒适度而言，第一天和第五天相比你注意到了哪些变化？

第4部分

超 越

第4部分 超 越

本书的这一部分最初是一个额外的章节，直到几个试读者对我说，这一部分是有关我的信息中精髓的部分，比简单的额外奖励章节更有价值。就实现更有效的领导和更圆满的人际关系而言，这一部分的内容超越了软技能，它不止于你的工作、人际关系和技巧，而是关乎你正在过的生活以及你如何理解你的生活。

第4部分围绕前三部分或者为支撑前三部分而展开。这部分包含了内部、外部和内外之间这三个元素。这一部分就像你运行工作和生活应用程序的操作系统。听起来很宏伟——也确实如此，因为这一部分是有关生死的。

这一部分将从死亡开始讲起。死亡似乎总有办法让生命回到人们关注的焦点。大多数人参加葬礼后都会反思，思考葬礼对他们意味着什么。健康状况出问题的时候也是如此，会让人重新评估生病（或诊断）之前以及之后的自己的人生。

然后我们会回顾生活——带着将生活作为一个旅程来享受的心情，庆祝生活中的大事小情。

原则9　行动起来，不要后悔

这听起来有点哲学色彩，但这就是我的人生目标，是我从真实的生死经历中提炼出来的人生哲学。无怨无悔的生活是软技能带来硬成效的一个缩影：

- 你以自己独特的方式践行自己的价值观，追求自己满意的生活。
- 你努力营造"干净清爽"的人际关系——如果出于维护别人的利益或者你自己心理健康的缘故需要你说话时，你有发言权。
- 你能够以自己的方式对他人或者这个世界产生影响。
- 你在追求自己的梦想或者在人际关系中都很勇敢，因此也容易受到伤害。
- 你能平衡所有明显的矛盾，并能够与这些矛盾共存。
- 你很享受你的生命旅程，同时也不忘专注于创造你想要的身后名。
- 你意识到每一天都可能是你人生的最后一天。

我父母相隔22周，双双意外去世。这改变了我的生活。他们的去世让我重生。

📌 我的父亲

严格来讲，我父亲死于肝癌手术——医生试图得出符合逻辑，又符合临床情况和科学理论的结论，填在表格里，放进文件夹，完成病例资料。但是医学并非全是科学，尽管它一直试图做到这一点，但事实却并非如此。医学可以查看肠道、骨骼和神经的状况。但是医学却无法解释意志、精神或灵魂。我相信我爸爸是死于伤心和过度劳累。相伴48年的伴侣去世后，他又累又伤心——在母亲患上老年痴呆症后的六年，她的身体虽然还活着，但情感和智力已经离开了。尽管几年前父亲有幸从结肠癌中活了下来，给他医治癌症的医生说做完手术后他还可以再活五年，但我觉得父亲失去了希望，生活变成这样子他也没有继续活下去的愿望了。他精神空虚，生活也失去了快乐和意义。现在他的身体也不在人世了。

📌 我的母亲

两个月前我父亲离开了我们。在我父亲去世的同一家医院的一间常规检查室，我哥哥、我母亲和我得到消息：我母亲患了肺癌。在她左肺的上部有一个葡萄柚大小的肿瘤。怎么会这样呢？几个月前她因为咳嗽才做过胸部X光检查，当时X光片显示什么也没有。医生除了说癌症会迅速扩散，并没有其他实质性的解释。我仍然能想起医生的话："我们无法手术，因为肿瘤很大，而且靠近主要动脉。我们也不能用放射疗法，因为离心脏太近了。而且化疗也未必是好方法，因为我们还不知道化疗药物会对老年痴呆症有什么影响。你们要采取保守治疗。"医生说完就走了。留我们不知所措地坐在那里。我弟弟站起来和我拥抱，然后看着母亲；她也不知所措地站了起来，哭了。我觉得母亲哭是因为看到我和弟弟在哭，我不确定她知不知道我们两个在哭什么。我们三个拥抱在一起，为了宝贵的生命和希望坚持着。我们离开了房间，找到一个护士，问她："情况就这样了吗？我们就出院了吗？"她和另一个医生核实了一下说，是的。于是我们三个人沿着走廊走到停车场，然后回家了，想规划一下接下来该怎么办。在接下来的几个月里，母亲像往常一样和照顾她的弟弟生活在一起。我们参观了几个疗养院，并选了其中一个让母亲搬了进去，因为我们不知道母亲还能活多久。为了陪陪母亲，也让弟弟好好休息几天，我照顾了母亲一周。就在我打算返回瑞士的前一天，母亲又因为中风住院了。"也许癌症已经扩散到她的大脑了。"医生有点疑惑地说。于是我又留了下来。我们在她的床边坐了几个星期。她又转入了保守治疗。在最终确定卖掉父母的房子的前一周，母亲走了。我相信她知道房子被卖了，因为她不想在没有父亲陪伴的房子里生活，她也不想在她爱的家之外的地方生活。

我的重生

我父母走后大约一年半的时间里，我的生活被否定和压抑的迷雾笼罩。我就像处于自动发动状态一样，经历着生命的运动。我一头扎进工作中，以弥补我在父母病重的那段时间落下的工作。工作成了一个很好的转移我注意力的东西。不去想我已经失去的对我来说也没那么难，因为我远在大洋彼岸，他人眼中的我生活得很好——结婚了，住在瑞士，在一家大公司里做着一份不错的工作，还经常会因为出公差而享受娱乐旅行，参加社交活动，还有很酷的冒险经历。而实际上我很空虚。

在我能与失去父母的悲伤共处之后，我就开始了悲伤疗法，我感到自己不再那么脆弱了，不至于被悲伤压垮。于是，我开始审视自己的情感，这对我来说是新的尝试。我意识到我生活中大部分时候都不快乐。我以前从未察觉到或者承认过这一点。一旦情感的阀门打开了，就再也关不上了。我当时在做一份自己擅长的工作，尽管我并不喜欢公司的政策，也不喜欢公司所提倡的消费主义。我的婚姻也没有让我在情感上感到亲密感和安全感。看着两个我爱的人在我面前停止了最后的呼吸，我清楚地意识到生命是有限的。我父母去世了，我不用担心以后我对工作或婚姻做出的任何决定会让他们失望。他们的死创造了一个全新的开始，我可以从中创造任何真正的东西。所以，我行动了。我处理好了自己的悲伤。没有父母意味着什么？我不知道还有谁在我这个年龄段失去了双亲，当然我也许没有和父母多么亲密。我的感觉如何？在我余下的生命中，我还想要什么？我要如何创造它或者发现它，并最终实现它？我只能活这一回，我不甘心马马虎虎地过完我这宝贵的一生。总之，在努力修复我们的婚姻大约两年之后，就一些历史遗留问题上我们还是遇到了障碍，没办法解决，于是一切就此结束了。我辞去了我在大公司的工作，开启了自己的培训业务——专注于个人影响力，帮助其他人实现他们的个人成长，就像我之前受到帮助一样。我搬了家，换了个国家，去了一个选择了我的地方。虽然我从来不建议我的客户把换工作、搬家、改变婚姻状态等同时进行。但令人惊讶的是，这些对我起了作用。

我受外界的影响如此之大，父母的离开更是让我不得不探索我人生新的现实。所以你们不要等外部事件发生来重新评估你的生活或改变你的生活。不要等到你所爱的人去世，不要等到你自己或者所爱的人患了重病，不要等到离婚或者关系破裂，才去评估你是否过着自己想要的生活。主动采取行动，在目标的激励下，做有意识的选择，然后去行动，而不要等后悔了才被迫行动。

| 职场软技能 |

本节挑战

思考并感受你对以下问题的回答：

如果明天你的生命就结束了，你的生活和工作中有什么让你感到后悔的？对你爱的人有什么遗憾的？如果时间和金钱不是问题，在你余下的生命里你会做什么？其中哪一部分，是你现在就可以做的？

你想在工作中留下什么？在家里和在这个世界上留下什么？

你怎样才能把上述问题的关键融入你的日常生活中去？

朝着上面列出的事情迈出一小步，今天就做。采取行动。

本周制订一个计划，过无怨无悔的生活。这可能看起来很遥远，但如果现在不行动，什么时候行动呢？

每次做都要反思：

▶ 你学到了什么？

▶ 你在哪些地方做得很好？哪些地方你还需要练习？

▶ 过没有遗憾的生活这个想法对你有什么影响？对其他人呢？

▶ 没有遗憾的生活和你平常的生活有什么不同？

▶ 你注意到别人遗留下来的东西了吗？

▶ 第一天和第五天相比,在思考人生遗憾和最后留下来的东西时,你注意到了什么变化?

| 职场软技能 |

原则10　过感恩的生活

　　20世纪90年代至21世纪初，我是奥普拉·温弗瑞脱口秀（Oprah Winfrey Show）的常客。当时，她在全国电视台播出了一个小时的日间脱口秀节目，当时她还没有自己的电视网。1997年，奥普拉（Oprah）有一集主讲的是莎拉·潘·布里特南圻（Sarah Ban Breatnach），她谈到了她的新书《简单的富足：写给自己的幸福日记》（*Simple Abundance: A Day Book of Comfort and Joy*）。我喜欢奥普拉脱口秀，所以我买了这本书，然后买了相应的日记本（我在写这本书的时候还把当时的日记本翻了出来，查看我开始感恩练习的日期）。我开始在那本日记中记录我每天受到的恩惠，这样一做就是22年。感恩练习变成了我每晚都要做的事情，而且一直这样继续着。以这种方式结束我的一天，然后上床睡觉，让我感到放松又平静。

　　多个研究资料记录了感恩在五个关键领域带来的好处：

- 情绪健康——能带来更多快乐，减少焦虑和抑郁，能让人从压力中恢复过来。

- 身体健康——睡眠质量更好，减少身体疼痛，促进锻炼。

- 个性——让人变得更加乐观、提高自尊和灵性。
- 社交互动——带来更多朋友，更好的婚姻，更亲密的关系。
- 职业提升——带来更广阔的人脉、促进更好的团队合作、减少缺勤、提高员工和客户的忠诚度。

早年

起初，除了不错的天气和一些额外得到的特别物品，比如一份礼物、工作上的成就或收到致谢，我很难看到自己有什么可感激的。晚上我把日记拿出来，搜肠刮肚地写点东西，我感觉自己几乎是在"编造"。我强制自己去回顾和分析自己的这一天，从中寻找值得感激的东西。

从训练的第一周开始，我记下来的值得感恩的事情是：

- 邻居家的猫杰克在我爱抚它，看望它时，发出了呼噜声；
- 我从宜家回来的路上很有耐心；
- 今天是星期五，我明天可以睡懒觉了。

过了一段时间后，我开始有意识地寻找我一天当中值得感激的事情，因为我知道到了晚上我必须在日记里写点什么。随着时间的推移，我一整天都会注意"哦，这一点也值得感恩"，现在我一天之中可以看到可以感恩的事情有很多，对我来说这已经成了一个自然而然的观察并做标记的过程。

下面是一些我今天在写这本书时，我对他人充满的感激之情：

- 我一个朋友来伦敦玩，介绍我认识了一群女性朋友，和她们一起分享欢笑，排解不满。

- 思维开放又敬业的客户愿意反思并集思广益，思考如何在团队中做得更好。

- 一位客户分享了她做感恩练习的经验（这也是促使我今天写这一部分的原因）。

- 肉店说可以在我需要圣诞节火鸡的那天早上给我送过来，并且不收运费。

- 在我最喜欢的餐厅吃了一顿口味独特，口感丰富的素食晚餐。

成长

刚开始的时候我做这种练习只是记下来我所感激的。然后随着我的进步，我在练习中加入了更多我个人的成长历程。我的夜间日记中增加了以下分类：

- 我：我添加了一些我对自己感到感激或自豪的东西。可以说是一种自我感激。这就是我建议那些缺乏自信、怀疑自己或想要提升自尊的客户去做的。

- 这是一天中最美好的事情，庆祝这一精彩时刻。
- 这一天中最糟糕的东西，放下它，不否认它，让它过去。
- 这一天的恐惧，因为我意识到我很多时候都生活在恐惧中，所以我想让自己意识到这种恐惧并且缓解、释放它。
- 这一天学到了什么，然后继续学习和成长，因为我相信生活和我都是处于不断进步中的。
- 有一天，我很感激我的伴侣，后来，我给他写了一页感谢信，感谢他那一个月以来的好。他也开始为我做同样的事情。从那时起，我就在他的生日或圣诞节的时候也这样做了。这个英国男人被我这种做法震撼了！

以下是我今天额外感恩的例子：

> **莎拉（Shara）的案例研究——感恩体验**
>
> 一个叫莎拉的客户，她知道她对自己非常挑剔，她来找我是想在新的工作中变得更加自信。指导工作开始后我问她，想不想练习一下自我欣赏。她说想。所以我向她介绍了感恩练习法。六周后，在我们开始下一步培训时，我问她：

| 职场软技能 |

> "在过去的六周，你有什么想为你自己庆祝的？你为自己的什么品质或特点感到骄傲？"这是一个我在开始所有培训课程时都会问学员的问题，因为这个问题让学员关注他们的优势，而不是劣势或者需要发展的领域（我们在后续培训中有大量时间留给这些领域）。她说她感觉自己更积极了，而且还提升了她团队的积极性，激励她的总经理作出更积极的贡献，因此为他们赢得了一笔新业务（数月来的第一笔）。她还说自己感觉更快乐、更放松、更感恩了。所有这些都可以追溯到她自上一次辅导课程以来一直遵循的感恩实践。

我得到的一些最大恩惠来自人际交往的小时刻——这些只是日常生活中的人际交往技能。吃饭时我看到一位朋友，我走到她的桌子前告诉她，她看起来很漂亮。我的突然出现让她很是吃惊，她目瞪口呆地看着我，脸红了，结结巴巴地说，她其实没什么特别的，当我轻轻地对她说"请接受赞美"时，她咧嘴笑了；昨天，我和由四位非常成功的合作伙伴组成的团队合作，我们讨论了当他们处于最佳状态时，或他们在培训学习期间哭泣的时候，他们是谁。他们袒露了自己，认可了其他人，并为每个人的独特之处庆祝；有个朋友说，我用一句话伤害了他们，还说我可以解决我们之间的问题；还有一次我在街上对陌生人微笑，他们也报我以微笑。

提示

- 在日记本或记事本上写下让你感激的事情——写的过程会调动你的眼睛、手（动觉运动）和大脑，使感激之情更加具体，因为这是一种多感官练习。如果你只是"思考"感恩之情，那它们只不过是有点煽情的想法而已。

- 要具体——细节是丰富体验和创造美好感觉的所在。

- 定期做，养成习惯。

- 至少坚持一个月，因为做起来的难易程度会随着时间的推移而变化。如果你训练自己的眼睛和大脑发现眼前的美好，那这以后将会变得越来越容易。

- 在一天中找到最适合你的时间（最好是在傍晚或晚上，因为你要反思这一天的事情），并对自己做出承诺，始终如一地这样做。

| 职场软技能 |

本节挑战

找一本日记本，从现在开始，每天写五件事，坚持一个月。再写一件你对自己感到感激的事情，一件你为自己感到自豪的事情，还有你一天中最好的事情，一天中最糟糕的事情，一天中的恐惧，最后写你今天学到的关于自己、关于生活或关于世界的东西。

每天都做以下事情：

- 我今天有件很感激的事情。
- 今天还有一件事我很感激。
- 今天还有一件事我很感激。
- 还有另外一件事我也很感激。
- 直到你明白感激的事。

自我：关于你自己的一些事情，你对此感到感激或自豪。

最好的：一天当中最好的事情。

最糟糕的：一天当中最糟糕的事情。

恐惧：一天当中感到恐惧的事情。

学习：你这一天学到的东西。

伴侣：关于你的伴侣的，你感到感激的一些事情。

额外活动：吃饭时间，围着餐桌问你的家人或朋友"你们今天有什么感激的事情？"

每次做都要反思：

▶ 你学到了什么？

▶ 你在什么地方做得很好？哪些地方你还需要练习？

▶ 怀着感恩的心去生活对你有什么影响？对其他人有什么影响？

▶ 怀着感激之心度过一天与平时有什么不同？

▶ 其他人对感恩的看法或说法是什么？

▶ 你在写每日感恩日记的第一天、第五天和第三十天有什么变化？

给读者的最后说明

我很感激你读到了这里，我也有些怕，怕你不满意、怕我出错、怕没有给你们带来改变、怕有些东西我此时此刻没法说清楚。同时我也很自豪，我真的冒着风险把这本书，也把我自己展示给世界，服务于你们，你们就像曾经的我一样，我们都不是天生就擅长软技能的。

我试着举了一些非常实际的例子，告诉你们如何提高人际交往技能。我只是简单地解释了一下为什么人际交往技能很重要，我希望本书能激励你们继续练习软技能。如果这本书不足以让你参考，参考书目中还有更多的出版物可以供你们选择。培养人际交往技能的旅程就是这样，请认识到这是一段旅程，所以在尝试的时候你要对自己充满同理心。我写这本书是因为这是我一生中进步最大的领域，而且我现在还在保持练习。参考书目中有一个资料列表，用于辅助你练习本书中的要点，并根据需要为你提供更深入的资源。

人际交往技能影响着我们生活的每一个领域——既影响职业领域也影响个人生活领域。人际交往技能还会影响我们的生活感受，因为我们很少有人过着完全不需要接触他人的独立生活。我希望人际交往技能成为你在情感和人际互动方面进一步发展的基础，从而促进你情商的发展，如果你就此止步也没关系。没有裁判坐在你的人生边上，评判你这关是通过了还是失败了。完美没有终点，它永远处在进行中，永远都在旅途中。在这个过程中你也许会犯错误，会感到尴尬，但关键是不要离开，继续学习。努力做一个更好的自己，接受自己不够好的状态，然后恢复过来，继续前进。

多年来，我有各种支撑体系帮我学习并实践所有的这些概念。我的支撑体系包括教练、导师、主管、治疗师、培训师和朋友。有了支撑体系后，发现并实践的过程会更容易、更深入。如果你从这本书和你的相关练习中学到了一些东西，请放心地与我分享。如果你不同意我提出的任何建议，也可以告诉我。学习上和生活上的经验分享出来会更好，欢迎随时与我分享。

致 谢

从哪里开始呢？有太多的名字，我生怕遗漏任何一个人。

我非常感谢我受到的所有鼓励、支持、灵感和激励，正是这些鼓励、支持、灵感和激励才使得本书最终成书。感谢给我鼓励和支持的每个人。

感谢艾莉森·琼斯、谢尔·库珀（Shell Cooper）、米歇尔·查曼（Michelle Charman）和朱迪思·韦斯（Judith Wise）的实用灵感出版团队。艾莉森——你有天才般的做事方法，你所取得的成就令人难以置信。安杰拉（Angela）、西利娅（Celia）和格蕾丝（Grace）的训练营伙伴们，感谢你们一开始就在那里，并帮我实现这个成长旅程。

感谢那些第一次听到我要写一本"领导探索"的书的人，以及那些继续把我培养成领导者和更好的人的人——失落的部落（The Holly Tribe）——阿尔伯特（Albert）、亚历克斯、琥珀（Amber）、安德鲁（Andreu）、邦妮（Bonnie）、卡罗琳（Caroline）、克莱尔（Claire）、康纳（Connor）、辛西娅（Cynthia）、多萝西（Dorothee）、乔治（George）、吉泽姆（Gizem）、詹姆斯（James）、朱迪（Judi）、卡丽（Kari）、路易丝（Louise）、奥托（Otto）、丽贝卡（Rebecca）、里贾娜（Regina）、萨阿德（Saad）、苏西（Susie）。还有我们最初的领导瑞克（Rick）和吉米娜（Jimena）以及助手克劳迪娅（Claudia）和尼尔（Neil）。

感谢共创式教练培训机构。感谢我一直以来共事的教练们以及那些我将继续合作的教练们，他们是我的同事，我从他们身上学到了很多。尤其是阿曼达（Amanda）、路易莎（Louisa）和罗娜（Rona）。

还有这么多年来，我众多的客户，出于隐私他们将继续保持匿名。还有和我一起努力的教练、导师、主管、培训师和治疗师，让我能够这么勇敢把这些写下来，并公开给大众，这些人帮助我从头到脚（继续）成长。

感谢几十年来，我在这段旅程中向其学习的专家、有影响力的人、教师和给我激励的人们，其中许多人都在参考书目中提到了。西蒙·阿科尔（Simon Achor）、贾斯汀·巴里索（Justin Bariso）、特拉维斯·布拉德贝里、布伦·布朗、莱斯·布朗（Les Brown）、丹·凯布尔（Dan Cable）、戴尔·卡内基（Dale Carnegie）、苏珊·凯恩（Susan

致 谢

Cain）、罗伯特·迪尔茨（Robert Dilts）、卡罗尔·德威克（Carol Dweck）、卡敏·加洛（Carmine Gallo）、约翰·格雷（John Gray）、丹尼尔·戈尔曼（Daniel Goleman）、琼·格雷夫斯、拿破仑·希尔（Napoleon Hill）、乔治·科莱塞（George Kohlreiser）、菲尔·麦格劳（Phil McGraw）、汤姆·彼得斯（Tom Peters）、托尼·罗宾（Tony Robbins）、雪莉·丝德伯格（Sherly Sandberg）、罗宾·沙玛（Robin Sharma）、西蒙·辛克（Simon Sinek）、切尔西队长·B（Captain Chelsy B）、萨伦伯格三世上尉（"Sull" Sullenberger III）、里克·塔姆林（Rick Tamlyn）、鲁比·韦克斯（Ruby Wax）、奥普拉·温弗瑞（Oprah Winfrey）、杰克·伍德（Jack Wood）。

第一批阅读我手稿的人，我的试读者，其中许多人说他们很荣幸有这个机会（我有多幸运？）丹（Dan），大卫（David），凯瑟琳（Kathryn）、尼尔根（Nilgün）和肖恩（Sean）。还有来自大洋彼岸的美国的劳里（Laurie）的帮助。还要感谢我的第一个听众琳达（Linda）的帮助，设计支持来自利（Leigh）。还有我的朋友，也是我的家人：阿内拉（Aneela）、达西（Darcie）、朱莉（Julie）、利

203

（Leigh）、露西（Lucy）、萨拉（Sarah）和苏（Sue）。谢谢你们出现在我的生命里。

最后要感谢的是，我的家人。爸爸妈妈，我想念你们，你们永远和我在一起。